顾　问：陈　峰

主　编：吴丽珍

副主编：陈　莹　吴端萍

编　写：（按姓氏笔画排序）

朱丽芬　吴丽珍　吴端萍　何圣予　张　静

张丁玲　陈　莹　林李为　郑　佳　游万玲

梦山书系

# 新时代幼儿园科学管理手册

福建幼儿师范高等专科学校附属第二幼儿园 编

海峡出版发行集团 福建教育出版社

图书在版编目（CIP）数据

新时代幼儿园科学管理手册/福建幼儿师范高等专科学校附属第二幼儿园编. —福州：福建教育出版社，2022.4（2024.5 重印）
ISBN 978-7-5334-9202-1

Ⅰ.①新… Ⅱ.①福… Ⅲ.①幼儿园－管理－手册 Ⅳ.①G617-62

中国版本图书馆 CIP 数据核字（2021）第 214290 号

Xinshidai You'eryuan Kexue Guanli Shouce

**新时代幼儿园科学管理手册**

福建幼儿师范高等专科学校附属第二幼儿园　编

| | |
|---|---|
| 出版发行 | 福建教育出版社 |
| | （福州市梦山路 27 号　邮编：350025　网址：www.fep.com.cn |
| | 编辑部电话：0591-83726908 |
| | 发行部电话：0591-83721876　87115073　010-62024258） |
| 出 版 人 | 江金辉 |
| 印　　刷 | 福州凯达印务有限公司 |
| | （福州市仓山区建新镇红江路 2 号浦上工业区 B 区 47 号楼） |
| 开　　本 | 710 毫米×1000 毫米　1/16 |
| 印　　张 | 18.25 |
| 字　　数 | 335 千字 |
| 插　　页 | 1 |
| 版　　次 | 2022 年 4 月第 1 版　2024 年 5 月第 2 次印刷 |
| 书　　号 | ISBN 978-7-5334-9202-1 |
| 定　　价 | 49.00 元 |

如发现本书印装质量问题，请向本社出版科（电话：0591-83726019）调换。

# 前　言

新时代，我国学前教育备受瞩目。党中央、国务院对学前教育高度重视，使我国的学前教育步入快车道，进入高速发展阶段。在这个大背景下，《新时代幼儿园科学管理手册》应运而生，这是福建幼儿师范高等专科学校附属第二幼儿园教职工在多年的办园历史和管理实践中积累的经验总结，是集体智慧的结晶。

办好新时代学前教育，离不开一支价值观正确、专业水平高、管理能力强的幼儿园园长队伍。《幼儿园园长专业标准》中，园长专业职责之"优化内部管理"明确指出，要"尊重幼儿园管理规律，实施科学管理与民主管理"。科学管理是针对传统的经验管理提出的，它要求幼儿园在管理过程中，能以科学的理论为指导，遵循幼儿发展、保育教育和管理的规律，保证幼儿园各项工作正常高效运转。为此，幼儿园需建立和完善各项规章制度，明确各部门任务，落实各岗位职责，实现"制度管人，流程管事，文化管心"。

这是一本专门为幼儿园实施科学管理的手册，包含岗位职责、规章制度、工作流程、工作表格四部分。岗位职责，明确每个岗位需要完成的工作内容以及应承担的责任范围，是对幼儿园各个工作岗位进行具象化的工作描述。规章制度，涵盖党群行政、教育教学、后勤保障三方面，用于保障各项工作正常、高效运转，体现教职员工的劳动权益，同时也能督促保教人员履行劳动义务，体现公平公正的处事原则，为标准化、科学化管理提供服务。工作流程，包括实际工作过程中的具体环节、步骤和程序，通过直观、简洁的流程图来体现，一目了然。工作表格，涵盖工作的方方面面，为执行规章制度、实施过程管理、收集信息资料提供许多便利。可以说这是一本实用性、针对性、实操性很强的幼儿园管理用书。

应用中，要注意把握以下几个方面：

一是制度建设同精神文化的协调。校园文化系统中，精神文化具有决定性作用。同精神文化相一致的制度文化能够强化校园文化的作用，反之，则减弱校园文化作用的发挥。因此，要审视各种制度是否以园所发展的根本性需求为基础，是否与校园最本质的目标相联系。制度文化的形成、提炼和创新，都要以校园精神、价值观作为指导思想，应契合园所管理理念并充分体现办园理念。

二是制度建设与"以人为本"。制度对于组织的意义在于引导、规范和约束员工行为。要适当把握情感管理的"柔"和制度管理的"刚"，坚持"以人为本"，坚持制度实施中的"柔性管理"。鼓励教职员工参与到幼儿园各项规章的制定工作中来，倡导民主管理和民主决策，增加工作的透明度，完善公开制度。

三是制度的灵活调整与适时变革。规章制度不是一成不变的，它会随着时代变革、事业发展、园所变化而适时调整，也会在具体实施过程中发现问题，不断修订完善，应避免拘泥于制度文化，按部就班，给幼儿园的发展变革带来阻力。此外，不同园所的实际情况不同，在借鉴使用时应保持清醒意识，根据自身园所的发展情况、教职员工的需求等灵活采用。

本书的面世，得益于曾经奉献和正在努力工作的附幼人，得益于为此提供帮助的专家、领导以及在梳理编撰中付出诸多心血的同仁。在此一并表示衷心的感谢！由于水平所限，本书中的谬误在所难免，敬请领导和专家、同行们批评指正，让我们共同努力，携手奋进，一起向未来。

编者<br>2022 年 2 月 13 日

# 目 录

## 第一部分 岗位职责

### 一、党群行政管理岗位职责

#### （一）党群类
党支部委员职责 ……………………………………………… 3

团支部委员职责 ……………………………………………… 4

工会委员职责 ………………………………………………… 5

#### （二）行政类
园长职责 ……………………………………………………… 7

行政副园长职责 ……………………………………………… 8

业务副园长职责 ……………………………………………… 9

发展部主任职责 ……………………………………………… 9

保教部主任职责 ……………………………………………… 10

科研部主任职责 ……………………………………………… 11

保障部主任职责 ……………………………………………… 12

### 二、教育教学岗位职责
年段长职责 …………………………………………………… 13

班主任职责 …………………………………………………… 13

教师职责 ……………………………………………………… 14

年段指导教师职责 …………………………………………… 14

## 三、后勤保障岗位职责

保育员职责 ·················································· 15

保健员职责 ·················································· 16

保洁员职责 ·················································· 16

安全员职责 ·················································· 17

资产管理员职责 ·············································· 17

档案管理员职责 ·············································· 18

财务报账员职责 ·············································· 18

保安职责 ···················································· 19

门卫职责 ···················································· 20

食堂管理员职责 ·············································· 21

食堂厨师职责 ················································ 21

食堂勤杂人员职责 ············································ 22

# 第二部分　规章制度

## 一、党群行政管理制度

### （一）党群类

党支部工作制度 ·············································· 25

团支部工作制度 ·············································· 27

工会工作制度 ················································ 29

### （二）行政类

师德师风制度 ················································ 30

园务公开制度 ················································ 33

工作会议制度 ················································ 34

"6S"管理制度 ··············································· 36

请假考勤制度 ················································ 39

行政值班制度 ················································ 44

奖励性绩效工资实施方案 ······································ 45

岗位聘任制度 ················································ 51

聘用人员管理制度 ············································ 56

作息时间安排 ·············································· 63

## 二、教育教学管理制度

### （一）保教类
　　课程实施管理制度 ·········································· 64
　　课程阶段研讨制度 ·········································· 68
　　班级管理制度 ·············································· 71
　　特殊行为幼儿管理制度 ······································ 73
　　功能室管理制度 ············································ 75
　　保教文档资料制度 ·········································· 76
　　幼儿园一日活动日常保教工作实施指引（小班） ················ 77
　　幼儿园一日活动日常保教工作实施指引（中班） ················ 85
　　幼儿园一日活动日常保教工作实施指引（大班） ················ 91
　　幼儿一日活动作息安排 ······································ 97

### （二）教研类
　　教师专业培训制度 ·········································· 99
　　教研文档资料制度 ········································· 102
　　课题研究制度 ············································· 103
　　教科研成果奖励制度 ······································· 104
　　聘请专家指导津贴管理制度 ································· 108
　　师徒结对协议书 ··········································· 109

### （三）家教类
　　家园联系制度 ············································· 110
　　家委会工作制度 ··········································· 111
　　家长义工制度 ············································· 115

## 三、后勤保障管理制度

### （一）安全类
　　安全教育培训制度 ········································· 118
　　事故责任追究制度 ········································· 118
　　安全隐患排查制度 ········································· 120
　　消防安全管理制度 ········································· 121
　　大型活动审批制度 ········································· 121

综治创安工作制度 …………………………………… 122
安全值班制度 ………………………………………… 123
门卫管理制度 ………………………………………… 123
安全监控管理制度 …………………………………… 124
消防安全应急预案 …………………………………… 125
地震安全应急预案 …………………………………… 126
防踩踏事件应急预案 ………………………………… 127
防暴防恐应急预案 …………………………………… 128
防台风事故应急预案 ………………………………… 129
防幼儿走失应急预案 ………………………………… 130
外出活动安全应急预案 ……………………………… 130
安全责任状 …………………………………………… 131

### （二）卫生保健类

卫生保健制度 ………………………………………… 145
食堂管理制度 ………………………………………… 148
卫生消毒制度 ………………………………………… 152
传染病防控制度 ……………………………………… 154
晨、午检制度 ………………………………………… 155
全日健康观察制度 …………………………………… 157
在园服药登记制度 …………………………………… 157
因病缺勤登记制度 …………………………………… 158
健康教育制度 ………………………………………… 158
健康检查制度 ………………………………………… 159
体格锻炼制度 ………………………………………… 160
传染病防控应急预案 ………………………………… 160
食物中毒应急预案 …………………………………… 161
突发疾病应急预案 …………………………………… 161

### （三）财产财务类

财务管理制度 ………………………………………… 162
财务报账制度 ………………………………………… 163
收费管理制度 ………………………………………… 163

财产管理制度 ·················· 164

班级财产管理制度 ················ 167

班费管理制度 ·················· 168

财产索赔制度 ·················· 169

建设修缮制度 ·················· 170

物品采购制度 ·················· 171

档案管理制度 ·················· 171

信息保密制度 ·················· 172

电教设备管理制度 ················ 173

电教设备赔偿制度 ················ 175

# 第三部分　工作流程

## 一、党群行政工作流程

### （一）党群类

发展党员工作流程 ················ 179

教代会组织流程 ················· 180

### （二）行政类

各类会议工作流程 ················ 181

建立规章制度工作流程 ·············· 181

职工绩效考核流程 ················ 182

岗位竞聘工作流程 ················ 182

员工招聘流程 ·················· 183

对外接待流程 ·················· 184

网络信息发布流程 ················ 185

请假销假流程 ·················· 185

档案归档流程 ·················· 186

## 二、教育教学工作流程

### （一）保教类

大型活动组织流程 ················ 187

外出实践活动流程 ················ 188

  年段特色活动流程 ·················································· 189
  功能室预约流程 ·················································· 190
  来园接待流程 ···················································· 190
  离园接待流程 ···················································· 191
  自助餐活动流程 ·················································· 192
  保育工作一日流程 ················································ 193
 **（二）教研类**
  微课题研究流程 ·················································· 194
  "一课三研"流程 ·················································· 195
 **（三）家教类**
  家访工作流程 ···················································· 195
  家长助教流程 ···················································· 196
  特殊行为幼儿应对流程 ············································ 197

### 三、后勤保障工作流程
 **（一）安全类**
  幼儿事故报告流程 ················································ 198
 **（二）卫生保健类**
  疫情防控流程 ···················································· 199
  班级卫生消毒流程 ················································ 200
  晨午检及全日观察流程 ············································ 201
 **（三）膳食类**
  食品留样流程 ···················································· 202
  食物加工流程 ···················································· 202
  食堂盘仓流程 ···················································· 203
  餐具洗消流程 ···················································· 203
 **（四）财产财物类**
  缴退费工作流程 ·················································· 204
  经费报销流程 ···················································· 204
  财务报账流程 ···················································· 205
  设施设备修缮流程 ················································ 205
  物品采购流程 ···················································· 205

固定资产清查流程 ·················· 206
固定资产处理流程 ·················· 206
基建建设流程 ······················· 207

# 第四部分　工作表格

## 一、党群行政工作表格
### （一）党群类
民主评议党员登记表 ·················· 211
支部立项活动申报表 ·················· 212
第＿＿届教职工大会第＿＿次全体会议提案表 ·················· 213

### （二）行政类
＿＿—＿＿学年（上/下）期第＿＿周主要工作安排表 ·················· 214
幼儿园＿＿工作会议记录表 ·················· 215
＿＿部门检查工作记录表 ·················· 216
行政值班记录表 ·················· 217
＿＿（部门）月工作汇报表 ·················· 218
活动室"6S"管理周检查表 ·················· 219
办公室"6S"管理周检查表 ·················· 221
新入职教职工登记表 ·················· 223
档案资料查（借）阅登记表 ·················· 224

## 二、教育教学工作表格
### （一）保教类
班级保教工作检查记录表 ·················· 224
行政人员带教指导记录表 ·················· 225
功能室活动检查记录表 ·················· 225
班级文本档案检查记录表 ·················· 225
班级电子档案检查记录表 ·················· 226
年段电子档案检查记录表 ·················· 227
班级环境创设观测表 ·················· 228
室内区域游戏观测表 ·················· 229

　　　　户外自主游戏观测表 ·················· 231
　　　　社团活动观测表 ···················· 233
　（二）教研类
　　　　教师听课记录表 ···················· 234
　　　　新师日常指导记录表 ·················· 234
　　　　指导教师情况反馈表 ·················· 235
　　　　教师外出学习反馈表 ·················· 235
　　　　新师个人专业成长规划表 ················ 236
　　　　教师个人专业成长档案表 ················ 237
　　　　教师科研档案检查记录表 ················ 238
　　　　教师科研档案检查记录表（新师） ··········· 239
　　　　教师微课题研究年度计划表 ··············· 240
　　　　教师微课题研究中期检查表 ··············· 241
　（三）家教类
　　　　家访工作记录表 ···················· 242
　　　　家长工作一览表 ···················· 242
　　　　家长会签到表 ····················· 243
　　　　家长接送幼儿登记表 ·················· 243

三、后勤保障工作表格
　（一）安全类
　　　　班级安全检查记录表 ·················· 244
　　　　幼儿接送委托书 ···················· 244
　　　　师幼外出活动审批表 ·················· 245
　　　　幼儿离园登记表 ···················· 246
　　　　保安值班交接表 ···················· 246
　　　　外来人员访客登记表 ·················· 246
　　　　监控设备维修记录表 ·················· 247
　　　　监控录像调取申请表 ·················· 247
　　　　治安刑事案件登记表 ·················· 248
　（二）卫生保健类
　　　　晨午检及全日健康观察记录表 ············· 248

在园带药服药记录表 …… 248
保健室用药登记表 …… 249
幼儿伤害登记表 …… 250
幼儿出勤登记表 …… 251
幼儿缺勤登记日志 …… 251
幼儿缺勤情况报告表 …… 252
幼儿出勤统计分析表 …… 253
午休巡查情况记录表 …… 254
班级卫生检查表 …… 255
公共环境卫生检查表 …… 256
班级消毒情况检查表 …… 257
＿＿＿＿学年（上、下期）幼儿健康检查统计分析表 …… 258
幼儿患传染病情况登记表 …… 259
传染病发病统计表 …… 260
幼儿疾病登记表 …… 261
健康教育记录表 …… 261
幼儿口腔、眼保健情况统计表 …… 262
幼儿体格发育评价统计表 …… 262
入园幼儿预防接种证查验登记表 …… 263

## （三）膳食类

膳食营养分析表 …… 264
陪餐记录表 …… 265
食（炊）具消毒记录表 …… 266
食物留样记录表 …… 266
食堂卫生检查记录表 …… 267

## （四）财产财物类

物品采购请购单 …… 268
设备修缮记录单 …… 268
电教设备借出（归还）登记表 …… 268
多功能厅设备使用登记表 …… 269
多媒体设备巡检记录表 …… 269

电教设备报修表 ·················································· 270
资产入出发票登记表 ·········································· 270
物品借出登记表 ·················································· 270
资产报损清单 ····················································· 271
集中采购项目立项审批表 ···································· 272
基建（修缮）项目立项审批表 ····························· 273
办公设备（零星）采购申请表 ····························· 274
紧急修缮项目申请表 ·········································· 275
差旅报销单 ························································· 276

# 第一部分　岗位职责

# 一、党群行政管理岗位职责

## （一）党群类

# 党支部委员职责

## 一、支部书记

1. 认真贯彻执行上级的方针、政策和决议，负责召集支部委员会和支部党员大会，组织制定和落实支部工作计划。

2. 了解掌握党员的思想、工作和学习情况，发现问题及时解决，做好经常性的思想政治工作。

3. 检查支部的工作计划、决议的执行情况，按时向支部委员会、支部党员大会和上级党组织报告工作。

4. 经常同支部委员、行政负责人以及工会和共青团等群众组织保持密切联系，交流情况，支持他们的工作，充分调动各方面的积极性。

5. 抓好支部委员会的学习，按时召开支委民主生活会，搞好"一班人"的自身建设，充分发挥支部委员会的集体领导作用。

党支部副书记协助支部书记进行工作，书记不在时，由副书记主持支部的日常工作。

## 二、组织委员

1. 做好发展党员工作，了解入党积极分子情况，负责对入党积极分子进行培养、教育和考察，提出发展党员的意见，具体办理接收新党员手续；做好预备党员的教育考察，具体办理预备党员转正手续。

2. 做好党员管理工作，根据本支部实际情况，做好民主评议党员工作；认真搞好评选先进党小组和优秀党员活动，接转组织关系；收缴党费，定期向党员公布党费收缴情况；做好党员和党组织的统计工作。

3. 了解和掌握支部的组织状况，协助宣传委员、纪律检查委员对党员进行思想教育和纪律教育。

4. 指导团支部加强对团员和青年的思想政治教育，对团组织推荐优秀团员作为党的发展对象工作给予指导。

### 三、宣传委员

1. 根据不同时期党的工作重心和上级党组织的指示，结合本单位党员和群众的思想实际，提出宣传教育工作计划和意见，经支部委员会集体讨论通过后，具体组织实施。

2. 围绕上级党委学习要求，定期组织党员学习党的基本知识、时事政策以及文化业务知识；组织党课学习，积极做好思想政治工作。

3. 围绕本单位的中心任务，做好宣传鼓动工作。

4. 指导和推动本单位工会、共青团等群众组织积极开展群众性的文化、科学、技术知识学习和体育活动。

### 四、纪检委员

1. 定期对党员进行纪律监督，进行党风党纪教育，督促党员履行义务。

2. 维护党员的民主权利，使之不受侵犯。负责受理和转递党员的控告和申诉。考察了解受处分党员改正错误的情况。

3. 具体负责组织党员学习上级党组织发放的党风廉政建设学习材料并监督检查落实情况。

4. 经常对党员进行纪律监督，认真调查、及时处理党员违反党的章程和违反党的纪律案件。经常向上级党委和支部委员会汇报和反映本单位党风党纪情况。

# 团支部委员职责

### 一、支部书记

1. 在上级团委和园党支部的领导下，主持团的工作。从支部实际情况出发，认真贯彻执行上级的方针、政策和决议，部署团的中心任务，安排团的活动。

2. 了解掌握团员的思想、工作和学习情况，发现问题及时解决，做好经常性的思想教育工作。

3. 检查团支部的工作计划、决议的执行情况和出现的问题，按时向上级团委汇报。

4. 抓好团支部的自身建设，争取得到各方面的支持和帮助。

### 二、组织委员

1. 了解和掌握团员的思想状况，协助宣传委员对团员进行思想、纪律和团的基础知识教育；提出组织生活、组织活动的方案，并协助支部书记具体实施。

2. 做好团积极分子的培养、教育和考察，做好推优和推荐入党积极分子相关工作。

3. 做好团员的管理工作：评选优秀团员，负责年度团籍注册，管理团员花名册，定期完成团员统计工作，接转团组织关系，按时收缴团费，定期向团员公布团费收缴情况；经常与上级团总支组织部保持联系，完成上级组织布置的任务。

### 三、宣传委员

1. 调查、掌握、分析、研究团员青年的思想状况和要求，结合新时期党的路线、方针、政策和园党支部和上级团委的要求，拟订和提出开展思想教育的措施和意见。

2. 组织开展形式多样的政治理论学习、青年志愿者服务、社会公益活动，以及文体活动等，提高团员青年道德修养、调动积极性，丰富精神生活。

3. 负责做好共青团的对外宣传工作，并利用橱窗、板报等宣传党的政策、先进人物和幼儿园、团内的重大活动。

# 工会委员职责

### 一、工会主席

1. 在上级工会和园党支部的领导下，主持工会工作。

2. 从工会实际情况出发，认真贯彻执行上级的方针、政策和决议，有计划地组织工会干部和教职工学习政治理论、业务知识和文化科学知识。

3. 密切联系群众，听取、收集各方面的意见。关心教职工生活，积极维护教职工的权益，及时反映群众的心声。

4. 负责组织召开工会代表大会和教职工代表大会。

5. 协调党、政、群、团各部门之间的关系。经常向党支部和上级工会请示、汇报工会工作，力求得到支部和上级工会的指导。

## 二、组织委员

1. 审查、接纳新会员，管理好会员的会籍，并做好工会计划总结及各类资料的存档工作。

2. 抓好工会干部队伍的自身建设，定期组织工会干部进行政治理论学习及培训，不断提高工会干部的政治素质与业务水平。

3. 深入教学第一线，调查研究，总结典型，推动全面发展。

4. 配合做好"双代会"代表资格的审查工作。

## 三、女工委员

1. 围绕幼儿园中心任务和工会的重点工作，对女教工进行爱国主义、集体主义教育，努力提高女教工的政治素质。

2. 深入调查研究，了解女教工的工作、学习和生活情况，及时反映女教工的意见与呼声，尽力为女工排忧解难。

3. 负责组织适合女教工特点的活动，促进女教工的身心健康发展。

## 四、宣传委员

1. 负责开展社会公德、职业道德、家庭美德教育，推动师德建设和"三育人"工作，促进园风、教风和学风的提高。

2. 组织开展形式新颖、内容丰富、内涵高雅的文体活动，丰富教工业余生活，享受到"家"的和谐、温馨。

3. 及时协调各方面的宣传力量，开展宣传工作，并及时做好通讯报道工作。

### 五、文体委员

1. 围绕幼儿园中心工作与工会工作重点，组织开展教职工业余文体活动，力求活动形式新颖，内容丰富，内涵高雅，寓教于乐，让教职工享受到"家"的温暖。

2. 完成主席交办的各项工作，并积极主动地做好各委员之间的协作。

## （二）行政类

# 园长职责

职责范围：全面负责幼儿园工作，主要包括党建、安全、人事、财务、招生等工作，并决策幼儿园建设、发展等重大问题。

一、贯彻执行党和国家有关幼儿教育的法律、法规、方针、政策和上级主管部门的相关规定，坚持正确的办园方向。

二、全面负责幼儿园工作，重点管理党建、安全、人事、财务、招生等工作，创设良好的育人环境，确保师幼在园安全、卫生和身心健康。

三、负责主持制定园所发展规划与园务年度工作计划并组织实施，完成幼儿园的保育和教育两大任务，并及时总结和推广经验。

四、负责组织全体教职工的政治思想、职业道德教育、业务学习与培训，建立并组织执行各项规章制度，定期深入一线指导、检查和评估教职工工作绩效情况，给予奖惩。

五、负责主持召开园长办公会、园务会、全体教职工大会、家委会等会议，听取各部门工作汇报，及时处理和决定园内重大事项。

六、积极争取家长及社会各界的支持，统筹安排幼儿园的各项经费，不断改善办园条件和教职工的福利待遇，维护教职工的合法权益。

七、负责财产管理的领导工作，审查年度预决算，负责各类费用收支的审批，合理使用各项办园经费。

八、加强与上级行政部门的联系以及帮扶园所指导工作的管理，定期向学校领导汇报幼儿园工作，并接受指导和检查。

九、指导党支部、工会、团支部工作，充分发挥党支部、工会与团支部的职能，调动教职工在幼儿园民主管理中的主动性、积极性和创造性。

# 行政副园长职责

职责范围：负责行政后勤工作，主要包括文化建设、绩效考核、信息化建设、园部环创、安全保障、建设修缮、保育业务、卫生保健、膳食管理等相关工作。

一、在园长的领导下，根据园长办公会议精神负责管理幼儿园行政后勤工作。根据幼儿园工作计划和教育教学的需要，制定行政工作计划，并组织实施。

二、抓好后勤队伍建设，负责后勤人员的业务培训，指导他们履行岗位职责，遵守各项规章制度，做好学年考核评估。

三、指导保育员开展保育工作，组织保育员的业务学习，检查落实保育工作质量。做好合同工的录用、合同签订、考核评估等管理工作。

四、做好幼儿园安全管理工作，指导与督促安全保卫人员做好每日隐患排查、园区防卫、防火、防恐等工作，构建平安校园。

五、指导幼儿园卫生保健工作，定期检查各部门执行卫生制度情况，了解分析幼儿健康情况，做好传染病预防等工作。

六、协助园长落实校园规划与建设，安排落实基建修缮计划，并做好过程指导与验收工作。督促有关人员管理好园舍、设备。

七、负责指导资产、电教、食堂、档案等管理人员的工作，阶段性进行检查反馈。每学年组织有关人员整理、装订幼儿园档案，并做好年终各类报表的填写工作。

八、负责安排幼儿园各种会议、活动的后勤事务工作，负责来宾接待及社会宣传工作。

九、负责幼儿园工会工作，实时了解教职工思想动态，及时反馈教职工需求，通过各项校园文化活动，调动员工工作积极性、主动性和创造性。

## 业务副园长职责

职责范围：负责教育教学工作，主要包括师德师风、课程建设、日常保教、教师培训、课题研究、对外开放、远程拍摄、园所帮扶、家长工作、见实习等相关工作。

一、在园长的领导下，根据园长办公会议精神负责管理幼儿园教育教学工作。结合《规程》《纲要》《指南》精神及幼儿园实际，制定幼儿园学期教育教学工作计划，并组织实施。

二、协助园长落实办园规划与建设，制定幼儿园课程实施方案，组织幼儿园课程的实施工作，努力为班级课程实施提供支持和服务。

三、协助园长抓好教师队伍建设，实时了解教师思想动态，及时反馈教师的需求，参与制定培养骨干教师、新手教师的专业成长计划，并负责落实实施情况。

四、有效指导教师开展日常教育教学工作，了解各年段、各班级幼儿发展情况，分析幼儿发展状况，采取有效策略，促进幼儿学习与发展。

五、检查、指导教师履行岗位职责及执行各项规章制度，评估监测保教工作质量，落实教师考评工作。

六、指导科研部门开展园本教研及课题研究等工作，及时反思教科研工作情况，提出推进课题研究的建设性意见，不断改进、完善幼儿园教科研工作。

七、负责指导保教、教研、年段长等管理人员的工作，阶段性地进行检查反馈。每学年组织有关人员整理、装订幼儿园保教档案，并做好年终归档。

八、负责组织、指导幼儿园的家长工作，宣传科学的教育理念，组织召开各类家长会，负责开展家长学校讲座。

九、做好对外开放观摩、见实习、帮扶带教、来园跟岗培训计划的拟定和课程安排等工作。

## 发展部主任职责

职责范围：文化建设、公文撰写、外联接待、对外宣传、绩效考核、档案管理。

一、在园党支部和园长领导下，负责组织、安排幼儿园各种会议；做好园级会议记录、纪要，检查各部门执行会议决定情况及协调各部门共同办理的工作。

二、起草各类报告、计划、总结、公告及其他园级文件，做好上级文件收发、登记、转办工作；负责填报上级交办的各类统计报表，负责档案材料的收集、整理、装订和管理，并指导各部门文书档案工作。

三、负责内外宾及上级领导来园参观的安排与接待；负责接待、处理园内外群众来信来访。

四、协助园领导做好教职工绩效考核、职称评定、招聘及思想政治工作。

五、协助园领导推进幼儿园校园文化建设，负责创设校园文化环境，组织开展校园文化活动。

六、负责校园局域网、微信平台的管理，及时上传党团建设、园部资讯及课程改革实施成效等信息。

七、负责中大班社团组织工作，做好外联教师、活动指导、阶段反馈、社团展演、资料收集等工作。

八、主动向园长汇报工作，及时完成园部交办的其他任务。

九、完成每周三个半日的带班与带教的工作量。

## 保教部主任职责

职责范围：保教管理、课程实施、质量监测、保教视导、教师考勤、家教工作。

一、确定幼儿园学期保教工作目标和阶段性工作任务，有计划、过程性地落实幼儿园保育、教育、教学活动的开展，并及时进行阶段性工作反馈与总结。

二、组织实施园本课程实施方案，审核把关年段、班级工作计划的制定与课程活动的设计，针对存在问题，及时指导教师进行调整与修订。

三、协助业务园长拟定并优化保教质量观测表，做好过程性管理及活动质量监测；了解、分析各班幼儿发展情况，及时与业务副园长、教师交流反馈，并提出改进保教工作、提高保教质量的思路与措施。

四、协助业务副园长完成各级各类对外开放活动，有计划组织、协调和指导幼儿节庆活动、外出参观、年段特色等园际大型活动的开展。

五、及时发布教育教学新动态，推送相关活动信息，原则上每月不少于两篇；组织好每学期末的班级保教工作经验交流分享，推广辐射保教工作经验。

六、负责部署、安排、落实政府指派的教育督学下园督导工作，做好相关材料的梳理、上传和信息报道，并及时汇总督导意见，跟进落实各项工作。

七、按时做好保教人员的补休记录、调班安排、顶班登记等工作；期末做好保教部门材料入档工作。

八、负责园部家长委员会工作；指导年段家长会、亲子开放日、亲子活动等家园互动课程的组织开展；负责拟定每学期关于课程建设和师德师风等内容的家长问卷，并做好有关数据、信息的反馈梳理。

九、负责指导一个年段的日常保教工作，完成每周三个半日的带班与带教工作量。

# 科研部主任职责

职责范围：教师培训、课题研究、继续教育、园所帮扶、远程拍摄。

一、拟定园部教研工作计划、月工作重点；指导各课题组制定课题研究计划，并针对存在问题与业务园长、课题组长进行互动，协商调整、改进计划。

二、组织业务学习，引领教师深入思考、拓展学习，切实解决教师贯彻实施园本课程及自我成长的实际需要；每月最后一周拟定出下月的培训计划。

三、开展"新师成长学习日"活动，发挥新手教师的学习能动性，发挥成熟教师、骨干教师的示范引领作用；每月最后一周拟定出下月的培训计划。

四、组织不同层次的教师外出学习参观，以观摩展示、汇报分享的形式进行全园推广。指导教师做好听课记录及"手拉手"工作，并进行继续教育统计、认定工作。

五、协助业务园长全程组织、指导、检查、评价各课题组的教科研工作，适时、有效地组织观摩研讨、交流分享、专题讲座等各项教科研活动；及时推送相关活动信息，原则上每月不少于一则。

六、阶段性进行经验总结、成果展示和研究资料归档等工作，完成园部课题申报、结题任务。

七、指导教师及时总结教科研经验，定期汇编幼儿园课改成果，推荐优质的教科研成果。同时，对教师的研究成果进行认定、统计。

八、负责幼儿园对外帮扶工作，了解帮扶园的实际发展水平，制定切实可行的帮扶计划并落实，梳理总结帮扶园所的经验与问题，形成帮扶小结。

九、负责指导一个年段的日常保教工作，完成每周三个半日的带班与带教工作量。

## 保障部主任职责

职责范围：建设修缮、设备采购、资产管理、财务报账、膳食管理。

一、根据幼儿园行政后勤工作计划及教育教学需要，组织、指导、检查后勤事务、卫生保健、食堂及保管工作，针对存在的问题，与分管园长协商调整后勤工作计划。

二、协助分管园长做好后勤人员的思想政治工作，调动其工作积极性、主动性、创造性，增强其服务意识，提高办事效率。

三、协助分管园长主持后勤工作会议，指导、落实后勤工作人员履行岗位职责，协助做好考核、评估及新员工录用等管理工作。

四、负责采购小组工作，对各部门申购的物品进行审核。了解并掌握全园资产保管情况，每月定期检查并反馈，提高资产的效用。

五、负责校园环境的管理，协助落实校园建设，努力实现校园绿化、净化、美化，不断改善教学条件和学习环境、生活环境。

六、协助分管园长做好幼儿园的基建、修缮等工作，负责施工过程的监查和质量检查。

七、负责做好编外员工的工资、岗位绩效核发等工作。

八、协助分管副园长做好幼儿园各类报表统计、上报工作。

九、完成每周三个半日的带班与带教工作量。

## 二、教育教学岗位职责

## 年段长职责

一、根据幼儿园教育教学工作计划和年段工作的特点，制定年段工作计划及月工作重点，配合保教主任管理、指导本年段各项工作。

二、做好本年段保教人员的思想和协调配合工作，调动其工作的积极性、主动性、创造性。

三、协助保教主任组织、协调、督促、检查保教人员落实岗位职责，做好本年段保教人员学年考核、总结工作。

四、组织、安排本年段教师业务学习及教研活动，并做好出勤和发言记录。

五、组织安排本年段节庆活动、特色活动、亲子活动、外出参观、对外观摩等工作。

六、了解评析本年段、班级幼儿发展情况，为新学期制定计划、调整月工作重点提供依据。

七、参加教育教学部门月工作反馈会，做好年段本月份重点工作梳理、汇报工作，并根据会议精神制定下阶段工作重点。

八、做好本年段阶段工作总结，整理、汇集本年段的档案材料。

## 班主任职责

一、根据幼儿园教育教学工作计划、年段工作计划及本班幼儿实际，制定班级工作学期计划，并组织实施。

二、协调本班保教人员的工作，明确职责、合理分工，形成团结协作、积极主动的工作作风。

三、协助年段长组织、协调本班保教人员履行岗位职责，配合园部考核保育员工作。

四、安排、落实本班节庆活动、外出参观、对外观摩、跟岗学习等活动的具体事宜。

五、有计划、有针对性地采用多种形式开展班级家长工作，解决实际问题。

六、配合年段长开展年段工作，积极参与、出谋献策，及时反馈交流班级情况及存在的问题。

七、阶段性评析班级幼儿发展情况，总结班级工作。

八、负责本班财产的保管，整理、汇集班级档案材料。

## 教师职责

一、根据幼儿园教育教学工作计划、年段工作计划及本班幼儿实际，协助班主任制定班级工作计划，并组织实施。

二、尊重爱护幼儿，坚持正面教育，遵守《新时代幼儿园教师职业行为十项准则》。

三、及时观察、分析、记录幼儿发展情况，不断反思调整活动计划，为幼儿创设良好的精神环境和物质环境。

四、严格执行幼儿园安全、卫生保健制度，指导并配合保育员管理幼儿生活，做好卫生保健和安全工作。

五、树立为家长服务的意识，遵循尊重、平等、合作的原则，了解幼儿家庭的教育环境，与家长共同商讨符合幼儿特点的教育措施，实现家园同步教育。

六、积极参与幼儿园课改工作，结合日常教育教学实际，开展各项教科研活动。

七、与保育员配合管理好幼儿物品及班级财产，保持班级的卫生整洁。

八、定期向有关管理人员汇报工作，接受其检查和指导，不断改进工作方法，提高保教质量。

## 年段指导教师职责

一、年段指导教师由教育教学部门行政人员担任，一人负责一个年段的日常保教、教科研工作的指导与推进。

二、指导教师应深入一线，了解对口年段的幼儿发展、教师工作、班级工作、家长工作的基本情况，发现问题及时介入，如有需要及时上报园部。

三、指导年段班际、节庆、亲子等重大活动的方案拟定、过程跟进和效果反思，及时予以帮助与支持，确保活动顺利开展。

四、每周五前审议各班拟定的周表，指导教师在日常保教工作中践行"适性教育"办园思想、渗透园本课程理念，提升教师的课程执行力。

五、负责园部的重要决策决议、课程改革与创新、重要工作部署的落实等，指导教师应负责传达、解读到位，做好解释工作，确保园部精神的落地与执行。

六、参与年段研讨会，针对指导中发现的问题，及时与年段教师沟通协商应对策略，必要时进行示范、指导。

## 三、后勤保障岗位职责

## 保育员职责

一、在医务人员和本班教师指导下，严格执行幼儿园安全、卫生保健消毒制度。

二、遵守园内规章制度，上班时间不串班、待客、干私活。

三、负责本班室内外环境、设备、用具的清洁消毒工作，定时开窗，确保室内空气流通，幼儿活动环境舒适、整洁。

四、在教师指导下，管理、照顾好幼儿生活，根据天气变化情况和幼儿个体差异及时增减被褥、衣服，培养幼儿良好的生活卫生习惯。注意观察幼儿的健康情况，发现异常及时报告。

五、积极配合本班教师组织教育活动，协助做好活动材料准备和收拾整理工作，关注特殊和体弱幼儿的活动情况，适时提供帮助。

六、积极参加政治业务学习，努力提高业务能力。

七、爱护公物，妥善保管好幼儿衣物和本班的财产、设备、用具，节约用水、用电。

八、注意个人卫生，上班穿戴工作服，不将个人衣物放在班级洗衣机清洗。

九、按要求做好每天、每周、每月及每学期的常规工作。

## 保健员职责

一、协助园长组织实施有关卫生保健的法规、规章制度，并监督执行。

二、指导膳食工作，协同伙委会人员制定幼儿食谱，每周做好幼儿营养量的计算工作，研究调配和改善幼儿膳食，检查饮食、饮水和环境卫生情况。

三、坚持晨检和全日观察，处理幼儿入园后的外伤事故和突发疾病。

四、每月统计、公布各班幼儿的出勤率、发病率，每学期公布幼儿的体检情况。按儿保所要求建立各种表、簿、卡，整理并保存好幼儿健康档案。

五、热心为幼儿服务，及时对体弱和患有慢性病的幼儿进行观察护理。

六、指导保育员、炊事员、环卫员做好清洁卫生及消毒工作。加强检查，做好记录。

七、通过多种形式向全园教职工和家长宣传幼儿卫生保健常识。

八、密切与当地保健机构的联系，及时做好计划免疫和疾病防治工作。

九、妥善管理医疗器械、消毒用具和药品。

十、关心全园教职工身体健康，做好每年教职工体检工作。

## 保洁员职责

一、遵守幼儿园规章制度，按时上下班。

二、每日按照分工情况，做好包干区卫生，如按顺序打扫室内外环境卫生、清理垃圾，打扫教学楼楼梯、扶手、窗台，冲洗公共卫生间等。

三、每周打扫各类办公室、会议室一次，用消毒水消毒室外大型玩具一次，每月擦拭办公楼玻璃、楼顶天台等处一次。

四、认真做好会议前有关清洁及会务准备工作。

五、离园时将户外各类玩具、桌椅归回原位，每周五与其他员工共同协作做好包干区的冲洗工作。

六、服从分配，认真完成临时性工作。

## 安全员职责

一、认真贯彻执行国家有关幼儿安全的法律法规和其他规定，协助分管副园长做好安全保卫工作。

二、每天做好校园安全巡查，并将检查情况交由分管园长签字、批示，每月进行全园性安全专项检查，并及时反馈、督促有关部门对安全隐患进行整改。

三、在幼儿入园、离园时段，协助保安和交通协管员维持秩序，确保幼儿接送工作安全、有序。

四、协助园部定期组织开展安全演练活动，配合保教部门做好师幼外出活动的安全预案和安保工作。

五、通过各种形式向幼儿、家长和全体员工宣传安全知识，树立安全防范意识。

六、遇到险情及时到岗，协助维持秩序，做好安全疏导和安置工作。

七、负责幼儿园内联外勤工作，及时送、取有关文件资料。

八、定期做好全体员工的安全责任状签订工作。

九、协助保障部主任做好后勤保障与服务等其他工作。

## 资产管理员职责

一、做好幼儿园财产的验收、登账，入库新购置的财产或调入的财产。

二、管理幼儿园资产，建立幼儿园财产总账与分账目，各种资产按照固定资产、低值耐久资产、消耗品三类入账。

三、按学期进行固定资产的核对，及时完成固定资产的登记和报废工作，每学年清点明细账，做到账物相符。

四、了解教育教学动态，根据物品的使用情况和工作需要填写采购单，经分管园长审核签字后报园长审批，督促有关人员及时进货。

五、根据教育教学需要，每半学期与采购小组成员到市场了解、记录适用的资料，并向教职工发布新增资料的信息。

六、本着勤俭节约的原则，严格执行财物的发放借领制度。

七、整理装订有关资料，防止物品的损坏及丢失，及时办理报损或赔偿手续。

八、经常巡查，提高财产的效用，及时提出资产使用中存在的问题及建议。

九、借领出的家具、用具、大型玩具，如有丢失或损坏，督促使用部门负责酌情报损或赔偿。

十、工作人员工作调动时，督促办好公物归还手续。

## 档案管理员职责

一、认真贯彻执行党和国家的方针政策，热爱档案工作，刻苦钻研业务，不断提高业务素质。

二、认真制定执行档案管理工作的各项规章制度，忠于职守，严守纪律，严格执行保密制度。

三、及时接收本园各部门档案、资料，做好各类档案的整理、保管、鉴定、统计、利用工作。

四、积极配合幼儿园工作，充分挖掘档案信息资源，为管理、教学等各部门服务。

五、经常进行保密、保卫、安全管理检查，做好档案室卫生工作，采取措施，确保档案安全。

## 财务报账员职责

一、执行国家财经法律、法规和制度，认真审核每一张单据凭证，做到手续完备，每一个签字都要做到符合制度标准。

二、经常了解各部门的经费需要和使用情况，主动协助各部门合理使用好各项资金，对于违反财会制度的一切开支，应坚持原则，敢于提出合理意见和建议，并有权予以抵制。

三、认真审核、整理原始单据，填制报账凭证，做到手续完备、内容真实完善、数字准确、报账及时。

四、负责组织幼儿园的各项收费工作，同时开具相关票据并及时上缴学校。

五、负责保管、使用本单位的定额备用金，对所借备用金及时核销，及时报账。

六、配合做好固定资产的清查盘点工作，督促相关人员加强固定资产的管理。

七、及时向学校财务处索要幼儿园每月财务收支账目明细表，并及时向园领导汇报。

# 保安职责

一、根据幼儿园安全工作的要求，严格执行幼儿园安全管理制度，做好安全防范工作。

二、穿保安制服上岗，佩戴齐必备防卫器具装备。语言文明礼貌，热情为教职工及幼儿、家长服务。

三、严守岗位，严把门口进出关，严防幼儿独自外出和外人随意进入。对外来人员执行入园询问、登记、追踪制度，杜绝无关人员、车辆和危险物品进入校园，防止伤害师生的事故发生。

四、对幼儿园周边 50 米以内进行安全巡视，收集、掌握、报告幼儿园及周边的治安动态和信息。

五、做好每天园内巡逻及节假日值班工作，配合安全员进行安全检查，发现治安、安全隐患，立即报告相关人员。

六、幼儿入园、离园时段，和协管员共同疏导人流、车辆，做好安全防范工作。

七、做好各种车辆出入管理，非幼儿园一切机动车辆和非机动车辆，一律禁止进入校园。施工、修缮用车需报园部批准、登记后方可入内。

八、大件物品出园，必须查阅有关部门证明，遇到情况及时和园领导联系。

九、积极参加园内外组织的安全保卫业务培训，提高业务能力。

# 门卫职责

### 日值班

一、根据幼儿园安全工作要求，严格执行幼儿园各项规章制度，做好安全防范工作。

二、严格遵守作息制度，按时开、关园门，严防幼儿独自外出和外人随意进入。对外来人员执行入园询问、登记、追踪制度，杜绝身份不明的人员进入校园。

三、协助做好幼儿接送工作，防错领、走失幼儿。家长凭卡入园，家长除参加幼儿园统一开展的活动外，其余时间不得进入幼儿园。如有特殊情况入园的，需征求园部意见，同意后方可入园。

四、态度亲切，仪表端庄，热情为教职工及幼儿、家长服务，做好电话传呼工作。

五、负责幼儿园报刊杂志、信件和包裹的收发和保管，重要信件做好接收登记并及时送达。

六、大件物品出园，必须查阅有关部门证明，遇到情况及时和园领导联系。

七、做好各种车辆出入管理，非幼儿园一切机动车辆和非机动车辆，一律禁止进入校园。施工、修缮用车需报园部批准、登记后方可入内。

八、保持接待室和周围环境的卫生整洁，做好与夜班值班人员的交接手续。

### 夜值班

一、每晚巡视、检查各班门、窗、水电是否安全，并记录值班情况，发现问题及时处理、上报。

二、坚守岗位，不擅自离开岗位，做好与保安人员的交接手续。

三、定期检查报警器，熟练掌握使用方法，发现问题及时上报并汇报园领导。

四、每天晚上检查自动消毒装置运作情况，并做好书面记录，及时提醒加班人员关闭该区域消毒灯。

五、保持值班室和周围环境的卫生整洁，做好与日值班人员的交接手续。

## 食堂管理员职责

一、根据幼儿园后勤工作计划及教育教学需要，全面负责食堂管理工作。制定食堂工作计划，组织实施，并做好学期总结。

二、抓好食堂队伍建设，负责做好食堂人员的思想工作及业务培训，协助保障部主任做好员工考核、评估工作。

三、负责食堂安全卫生工作，切实落实食品、餐具、环境卫生消毒和操作流程安全规范，做到安全检查有记录，确保不发生食物中毒事故。

四、严把食品进货关，做好食品验收、留样及统计等工作，杜绝变质的食品进入食堂。

五、负责食堂餐具、设备的管理使用，建好固定资产账册，做到账物相符。及时提出维修、整改、添置意见，保证设备正常使用。

六、增收节支，降低成本，做好伙食的成本核算。每月月底上报食堂库存情况。

七、配合卫生保健人员制定科学、合理的食谱，提高师幼膳食质量。

## 食堂厨师职责

一、遵守幼儿园各项规章制度，按时上下班，上班时不离岗、不接待客人、不干私活。

二、注意个人卫生，不留长指甲，不戴戒指，头发不露在帽子外，穿戴好工作服。语言文明礼貌，热情为教职工及幼儿服务。

三、根据幼儿的年龄特点与需求，与膳食委员会成员共同制定幼儿食谱，烹饪幼儿的一餐二点，注意色、香、味俱全。根据幼儿的病情做病号饭。

四、根据食谱烹饪教职工午餐，每月收集教职工意见，调整烹饪花样。

五、不加工腐烂、变质、不符合食品卫生的食品，注意将食物煮熟、煮透。

六、严格遵守食堂各项操作规范，严格区分生熟食品的容器和加工生熟食品的砧板。灶具使用完毕应及时关闭电源。

七、工作结束后将调料加盖，及时收入仓库。保持厨房内外环境卫生、整洁。

八、发现设备有安全隐患应及时报告。

九、努力钻研烹饪业务，提高烹饪水平。

# 食堂勤杂人员职责

一、遵守幼儿园各项规章制度，按时上下班，上班时不离岗、不接待客人、不干私活。

二、注意个人卫生，不留长指甲，不戴戒指，头发不露在帽子外，穿戴好工作服。语言文明礼貌，热情为教职工及幼儿服务。

三、积极主动，团结协作，配合厨师准备好教职工和幼儿的午餐及点心，严格遵守进餐时间，准时配送幼儿餐点。

四、注重工作效率，严格按照食品粗加工程序，清洗处理各类食品，保证食品卫生安全。

五、严格遵守食堂各项操作规范，妥善保管好餐具和食堂用具。负责厨房设备的安全使用及管理工作。

六、每天做好幼儿餐具、水池、各类用具的清洗及消毒工作，生熟容器分开存放。

七、在食堂管理人员的指导下，做好餐厅及食堂工作区的日常卫生清洁工作，节约用水、用电。

八、参加业务培训活动。服从分配，认真完成临时性的工作。

# 第二部分 规章制度

# 一、党群行政管理制度

## （一）党群类

# 党支部工作制度

## 一、工作原则

1. 在上级党委和园党支部的领导下，围绕党的中心工作，结合本园特点，开展党的各项工作，引导党员干部在工作中无私贡献、争做表率。
2. 深入细致地做好党员、员工的思想政治工作，教育党员爱党、爱国、爱本职工作，树立无产阶级世界观。
3. 宣传和执行党的改革开放方针，带领党员在岗位中发挥模范带头作用。
4. 当好党的有力助手，发挥党组织联系群众的桥梁作用，发现问题，及时研究和汇报，不断改进党的工作。
5. 搞好党支部班子自身建设，做好发展党员工作，认真管理党费的收缴。
6. 了解党员、团员的思想追求，开展好文化娱乐活动。

## 二、组织生活

（一）党员大会

支部党员大会是党支部全体党员参加的会议，一般每季度召开一次，也可根据工作需要，适当增减大会次数。党员大会的主要内容包括：学习贯彻党的会议精神，传达学习有关文件和上级党组织的决议、指示，制定贯彻执行措施；听取支委会工作情况报告，听取党员意见和建议；讨论并通过支部工作计划；讨论并通过党员发展、转正、表彰和处分；选举产生支部委员会或支部书记及出席上级党的代表大会的代表，补选支部委员；讨论并决定其他需要由支部党员大会讨论决定的重要问题。

（二）支部委员会会议

支部委员会会议一般每月召开一次，如遇紧急事情需要研究可随时召开，具体时间由党支部根据实际情况决定。支部委员会会议内容包括：贯彻执行上级党组织的指示、决议和支部大会的决议；研究讨论党支部工作计划、总结以及重要活动的安排和部署；分析党员思想状况，做好对党员的教育和管理；研究党员发展、转正、奖惩和自身建设等问题；讨论工会和共青团群团组织的重大问题。

（三）党小组会

党小组会一般每月召开一次，围绕学校党委工作部署和党支部近期工作，结合本小组实际情况确定，每次解决一两个问题。党小组会内容包括：组织党员学习；传达支部决议，讨论贯彻的具体措施，明确每个党员应当完成的任务；党员汇报思想和工作情况；开展民主评议党员活动，进行批评和自我批评；研究入党积极分子的培养教育，酝酿讨论党员发展、转正；评选优秀党员，讨论违纪党员的处理问题，进行党员鉴定，并及时将鉴定结果向支部汇报。（幼儿园可根据实际情况合并小组会）

（四）党课

党课一般每季度开展一次，主要内容包括：学习《中国共产党章程》、党的方针政策、党建相关理论和知识，以及结合当前形势，对党员进行先进性教育和形势、任务教育。

### 三、党内监督制度

1. 支部组织生活会每年进行一次，按上级党委通知的时间召开。

2. 每个党员既要对照自己的本职工作，本着实事求是的精神，总结经验教训，认真开展批评与自我批评，又要本着对党负责的态度，加强对其他党员和组织的监督，防止和纠正党的工作中的缺点和错误，克服和制止党内违法乱纪现象的发生。

3. 支部委员或党小组长应及时收集党员和党外群众对支部工作的建议或意见，并将建议或意见及时向支部委员会汇报，支部及时研究制定整改措施，并有效落实。

4. 支部要定期通过园务公开栏、群众访谈等形式开展"两公开一监督"活动，及时公开办事制度、办事结果，接受教职工对广大党员的监督。

### 四、党员联系群众制度

1. 每个党员自定或由党支部根据具体情况分别联系1—2名群众。

2. 每月至少找联系对象谈话一次，并做好记录。主要任务是了解群众的思想、工作和生活等方面情况，并宣传党的路线、方针、政策，做好思想工作，帮助解决工作、生活等方面问题。

3. 支部定期检查和分析党员联系群众的情况，提出要求，进行指导和督促。

4. 党员联系对象的工作、思想等方面提高的幅度，将作为评选优秀党员的条件之一。

# 团支部工作制度

## 一、工作原则

1. 在上级团委和园党支部的领导下，围绕党的中心工作，结合青年特点，开展共青团的各项工作，引导团员青年在工作中争创一流，多做贡献，做党的有力助手。

2. 深入细致地做好团员、青年的思想政治工作，教育团员青年爱党、爱国、爱本职工作，逐步树立无产阶级世界观。

3. 宣传和执行党的改革开放方针，带领团员青年在三个文明建设中发挥突击队作用。

4. 当好党的有力助手，发挥团组织联系青年的桥梁作用，发现问题，及时研究和汇报，不断改进团的工作。

5. 搞好团支部班子自身建设，做好发展团员和超龄团员的离团工作，认真管理团费的收缴。

6. 了解团员、青年的思想追求，开展好文化娱乐活动。

## 二、组织生活

（一）支部团员大会

支部团员大会一般每季度召开一次。会议主要内容包括：传达贯彻上级工作和重要会议精神，讨论和制定工作计划，听取和审议支委会工作报告，选举支委会，讨论发展新团员和组织处理等。

（二）支部委员会

支委会一般每月召开一次，可根据具体内容以扩大形式召开。支委会的主要内容包括：传达贯彻上级团组织及党支部的工作指示，研究工作计划和工作总结，检查支委分管工作及执行决议情况，讨论决定支部日常工作的重要事务等。

（三）团支部民主生活会

团支部民主生活会每半年召开一次，团员人数较多的支部，可分团小组召开民主生活会。团支部民主生活会的主要内容包括：团员之间进行思想交流，开展批评与自我批评，民主评议团员等。

（四）团课

团课一般每季度进行一次，可根据具体内容吸收申请入团积极分子参加。团课的主要内容包括：进行党的路线、方针、政策，党、团基本知识，时事政治等教育。

（五）政治学习

团内政治学习一般每月进行一次。团内政治学习的主要内容包括：学习马克思主义基本原理，学习党、团基本知识，开展形势政策教育，结合团员思想实际，有针对性地进行学习、教育等。

### 三、向同级党支部汇报工作制度

团支部一般每月应向党支部汇报一次工作。汇报的内容包括：落实上级团组织和党支部布置的工作情况，团支部独立开展工作情况，传达上级团组织工作要求和团支部开展工作安排，需向党支部请示解决的问题等。

### 四、发展新团员和超龄团员离团工作制度

团支部应贯彻"积极地、有计划地发展团员"的方针，做好发展新团员工作。根据申请入团青年的情况，掌握一批积极分子，建立名册，制定发展新团员计划。加强对申请入团积极分子的培养考察工作，通过培养联系人和团小组，在团的教育活动中不断培养考察他们。严格掌握团员标准，严格履行入团和离团手续，严格按照《团章》规定发展新团员和办理超龄团员离团手续。

### 五、推荐优秀团员作为党的发展对象制度

团支部要加强与党支部的联系，定期汇报情况，在党支部的领导下，做好

推荐优秀团员作为党的发展对象工作。要按照有关程序，严格把关，保证质量，做好推荐前的教育，确定推荐对象，向党支部提出推荐意见，并协助做好培养考察等工作。

# 工会工作制度

### 一、工作原则

1. 在上级工会和园党支部领导下，全面落实工会工作岗位责任制，认真履行工会工作职能，全心全意为教职工服务，做领导和群众之间的桥梁。
2. 认真抓好工会组织建设，完善工会组织，搞好民主管理，密切联系群众，了解教职工困难，维护教职工合法权益，组织教职工参与民主管理。
3. 协助党支部抓好教职工思想工作，组织全园教职工搞好岗位练兵、业务竞赛，创建"巾帼文明岗"。
4. 做好工会财务管理、工会经费管理以及物资采购、发放工作，实行公开制度，接受群众监督。
5. 认真抓好全园女职工工作，依法维护女职工合法权益。
6. 办好"教工小家"，组织好教职工文化理论学习和文体活动，丰富校园文化生活。

### 二、工会财务制度

1. 全体工会会员应按时缴纳会费。
2. 管理好工会经费，做到专款专用。
3. 工会费和工会活动经费使用情况，应在每届职工代表大会上公布，并自觉接受经费审查委员会及会员监督。
4. 管好工会财务，做好财产登记，认真履行借还手续。

### 三、教代会工作制度

1. 教代会选举主席团主持会议，主席团成员由教师、职工、管理人员和党政领导干部组成，其中教师应超过半数。

2. 教代会实行常任制，每五年为一届，每年至少召开一次会议，每次会议必须有三分之二以上的代表出席作出决议，必须有全体代表的一半通过方有效。

3. 不定期召开教代会审定幼儿园突发的重大事项，形成完善的民主管理制度。

4. 教代会遵循"议大事，办实事"的原则，应广泛听取、如实反映教职工群众的意见，对大多数群众所关心的重要问题确定议题。

5. 按照上级关于教代会提案工作的要求，认真做好提案征集、审查、整理，以及提案的落实和反馈工作。

6. 教代会在其职权范围内决定的事项须经教职工代表大会同意，不得修改。

## （二）行政类

# 师德师风制度

### 一、教师师德师风十项规定

1. 不散布、传播违反党和国家方针、政策以及影响幼儿健康成长的言论。

2. 不无故旷工，中途离岗，擅自调课、停课。

3. 不煽动、参与罢课和集体上访，以非法方式表达诉求或在媒体上散布不负责的言论。

4. 不歧视、侮辱、体罚或变相体罚幼儿。

5. 不有偿补课、有偿家教和违规办班。

6. 不赌博、工作日酗酒、违规担保、非法传销。

7. 不索要、收受幼儿家长财物或参加由家长付费的宴请、旅游、娱乐休闲等活动。

8. 不在工作时间打牌、下棋、上网聊天、炒股、玩游戏、玩微信。

9. 不巧立名目向幼儿乱收费，或参与违规招生、有偿招生；不推销幼儿读物、保险或利用家长资源谋取私利。

10. 不参与或变相参与考试舞弊和在考核、职评等工作中弄虚作假。

## 二、礼仪规范

(一) 仪容仪表——自然和谐、秀外慧中

要求：

1. 头发——前不挡眼后不披肩，过肩长发应束起或盘起，发型不夸张，不理过短的头发，不染夸张彩发。

2. 手部——勤洗手、勤剪指甲，不留长指甲，不涂色彩鲜艳的指甲油。

3. 面部——牙齿洁白，口腔无异味；保持眼部整洁，不戴墨镜和有色眼镜。

4. 妆容——日常生活化妆自然大方淡雅，与肤色相配，杜绝浓妆，不使用气味过浓的化妆品。

5. 着装——柔和大方，便于活动。不穿吊带背心、超短裙等过于暴露或透明的服饰。

6. 鞋子——带班时不穿拖鞋、赤脚，当班时间穿平底鞋。

7. 佩饰——带班时不佩戴戒指、耳环和耳钉及太夸张复杂的胸饰，所戴佩饰应符合卫生和安全要求。

(二) 行为举止——自然规范、亲切优雅

要求：

1. 脸部——真诚微笑，神态自然，给人亲切、和蔼、可信之感，不故意掩盖笑容，忌面色阴沉、横眉立目。

2. 眼神——亲切有神，转动幅度适宜，合理分配目光，让每个幼儿都感受到教师的关注，不可长时间凝视一名幼儿。

3. 守时——按时上下班，参加各类会议及活动不迟到、早退。

4. 坐姿——入座起座左入左出，动作轻缓，面对幼儿坐姿端正，双腿并拢，上身正直，双手自然摆放。

5. 站姿——身体挺直，挺胸收腹，抬头沉肩，双腿靠拢，双目平视，双手自然垂放，或交握在腹前。

6. 走姿——上身正直不动，双肩平稳，重心前倾，速度适中，步幅恰当，轻手轻脚，忌连蹦带跳或步履过缓，不可多人并排而行。

7. 蹲——身体直立，双膝靠近，臀部向下，脚掌支撑，不可在行走中突然下蹲。

8. 手势——准确适度、自然大方，忌拘谨僵硬、当众搔头、抓痒，带班时不双手交叉抱臂或双手后背。

(三) 待人接物——主动热情、文明礼貌

要求：

1. 接待来宾：

主动询问——您好，请问您找谁？请问您有什么事吗？需要帮忙吗？

被动受问——哦，抱歉，这个我还不太清楚，我可以帮你问一下。

2. 打电话：

打电话——先问好，然后做自我介绍，接下来再说事。如："喂，您好！我是×班的××老师，你是某某的妈妈吗？是这样的……"

接电话——先问好，然后做自我介绍，接下来再询问。如："喂，您好！我是××幼儿园×班××老师，请问你找谁？有什么事吗？"

放电话——等对方放下电话，然后再挂机。

3. 对待幼儿：

无意过失——耐心安慰，不指责埋怨幼儿。

组织活动——语速适中，指令简洁明了，语言生动、有趣、儿童化。

师幼互动——热情温和，积极应答，仔细观察，不断提示，给予评价，鼓励欣赏。

遇到困难——鼓励幼儿增强自信，不讽刺挖苦。

有意过失——坚持正面教育，及时解决。

日常生活——亲切关爱，体贴入微，力求体现母爱。不讲粗话、脏话，不训斥幼儿，忌大呼小叫。

4. 对待家长：

家长反映问题——态度冷静，让家长把话说完，认真委婉。

家长之间发生冲突——稳定家长情绪，分别与家长谈话。

孩子发生事故——如实说清，表示歉意。

家长晚接孩子——主动热情，耐心接待。

家长馈赠物品——礼貌回绝。

找个别家长谈话——态度平和，讲究艺术。

与家长联系——体贴关心、礼貌客气。

（四）对外开放——着装统一、大方展现

要求：

为更好体现办园文化，展现园所教职工良好的职业形象，幼儿园在进行对外开放或组织大型活动时，教职工应按要求统一着装，展现整齐、端庄、大方、自信的精神风貌，以我园"最美教师"的形象共创文明校园：

1. 各级、各部门领导、专家来园调研、指导、参观、检查督导等。
2. 幼儿园组织的面向国家、省、市级等开放观摩活动。
3. 年段、班级组织的大型节庆活动、家长开放日等。
4. 幼儿园承接或组织的重要拍摄活动。
5. 参加幼高专校部或园部表彰活动、工会活动，及学期初、末的全园教职工大会。
6. 重要活动日：每周一升旗仪式、开学第一天等。

# 园务公开制度

一、坚持以《中华人民共和国教育法》《中华人民共和国教师法》和党的方针政策为依据。

二、认真贯彻党的群众路线，全心全意依靠教职工办园，推进幼儿园的改革和发展。

三、完善幼儿园民主政治建设，调动广大教职工的积极性、创造性，为办好幼儿园献计出力，让教职工知园情、参园事、议园政。

四、园务公开工作由党支部统一领导，党支部书记负总责，工会具体承办，群众支持参与。

五、园务公开工作领导小组不定期召开专题会议，园内重大决策、改革方案及关系到教职工切身利益的重大问题，必须经教职工代表大会讨论通过。

六、园务公开内容：

1. 幼儿园改革和发展事项：包括教育教学改革、管理改革方案、教职工考核、聘任、职称评定等。
2. 幼儿园财务收支情况，包括各项收入及各项开支和各项财产情况。
3. 幼儿园收费项目的依据和标准，包括保教费、代收费、伙食费及有关家长利益的其他收费。

4. 幼儿园招生政策和录取结果。

5. 幼儿园基建情况和幼儿园经济发展情况，包括基建工程、大宗物品采购等。

6. 幼儿园各项管理制度，包括制度的建设和执行情况。

7. 幼儿园教育教学运行情况和工作目标实施完成情况。

8. 幼儿园教职工培训计划。

9. 幼儿园有关教职工生活福利的重大事项。

10. 幼儿园评先、评优情况。

11. 幼儿园党风建设情况（包括领导、党员民主评议情况等）。

12. 教代会职权范围内的其他内容。

# 工作会议制度

## 一、园务会议

1. 由园长主持，园领导、部门负责人参加（包括班子成员、工会、团支部负责人、卫生保健人员、年段长等）。

2. 每月召开一次，遇重大问题可临时召集。

3. 对全园工作计划、工作总结、人员奖励、财务预算和决算方案、规章制度建立、修改、废除，以及其他涉及全园工作的重要问题进行审议。

## 二、教代会议

1. 由工会组织，教职工代表参加，不得无故缺席。

2. 每年召开一次，主要听取园长、工会主席的工作报告，审议办园方针、发展规划、教改方案、管理制度以及经费使用等有关幼儿园建设和改革的重大问题，提出意见和建议，加强民主管理与监督。

## 三、全园会议

1. 由园长主持，全体职工参加，不得无故缺席。

2. 每学期初、中、末各召开一次，主要部署、小结阶段工作以及动员、评比等，平时遇重大事件可临时召开。

### 四、行政会议

1. 由园长主持，行政班子成员参加，不得无故缺席。

2. 每周召开一次，内容包括：专题学习，传达上级文件精神，反馈本周工作完成情况，预设下周主要工作，园部重要议题讨论等。平时遇重大事件可临时召开。

### 五、安全会议

1. 由行政副园长主持，每月召开一次安全工作会议，传达上级安全工作重点，总结上一个月安全工作，部署下一个月安全工作任务。

2. 每学期初开展"安全第一课"，通过开学典礼、国旗下讲话、专题活动等向全体师幼开展安全教育。

3. 特殊情况可不定期、不定时地召开各年段、各部门安全工作会议，确保幼儿园正常教育教学秩序。

4. 班务会、家长会中必须包含安全专题，内容包括环境安全、幼儿安全教育等内容，把安全落到实处。

### 六、膳食委员会议

1. 由保障部主任主持，分管园长、保健医生、炊事员、教师代表以及家长代表参加。

2. 每月召开一次，讨论研究幼儿伙食营养搭配问题、伙食费使用盈亏情况，根据教师、保育员及家长反馈的幼儿进餐信息制定改进措施。

### 七、家长委员会议

1. 由园长或家委会成员主持，各班家委会委员参加。
2. 每学期召开一次，讨论幼儿园工作计划，家园同步教育等问题。

### 八、家长会

1. 每学期召开两次家长会（或家长学校专题培训）。

2. 根据班级实际情况，与家长交流幼儿教育问题。

# "6S"管理制度

### 一、整理（SEIRI）

1. 工作要求：区分工作现场（办公区、各活动室、寝室、卫生间、室外走廊、楼梯、包干区等）中要与不要的物品，清除不需要的物品。

2. 推行要领：

（1）对工作场所（范围）进行全面检查。

（2）区分必需品和非必需品。

（3）清除不需要的物品。

（4）每日循环整理当天的必需品与非必需品。

（5）每日自我检查：入园、晨检、早点、早操、盥洗、如厕、区域游戏、集体教学、户外体育锻炼、午餐、午睡、起床、离园等环节。

### 二、整顿（SEITON）

1. 工作要求：将必需品按规定的位置、定量摆放整齐，并明确标识。

2. 推行要领：

（1）落实每一步骤的整理工作。

（2）根据物品特性、特征及使用特点对物品进行分类，并命名、做标识。

（3）根据实际情况，确定员工的工作职责、行为规范，并进行梳理分类，包括每个班级一日常规的各个环节以及一日工作的流程。

（4）标识工作场所（范围）物品。

### 三、清扫（SEISO）

1. 工作要求：将工作场所（范围）清扫干净；保持环境干净；随时对教职工的行为进行检查与改进。

2. 推行要领：

（1）建立清扫责任区：划分责任区、明确责任人，形成各责任区职责工作定位图。

(2) 做好清扫准备工作：准备好必要的清扫工具，学习清扫知识（技巧）。

(3) 清扫工作场所和设施设备：每位教职工将工作区域清扫干净，清理死角；对设施设备（桌椅、钢琴、消毒柜、玩具柜、玩具架、食堂机器设备等）进行清扫。

(4) 解决问题产生点：对在园内设备和班级等工作场所（范围）发现的问题，及时上报保障部主任，从根本上解决问题。

(5) 制定清扫标准：明确清扫对象、清扫部位与清扫周期，保证清扫质量，使清扫工作标准化。

(6) 落实区域责任制。

### 四、清洁（SETKETSU）

1. 工作要求：将整理、整顿、清扫成果维持并标准化。

2. 推行要领：

(1) 进一步提高全体教职工的"6S"意识，通过宣传图片、教育培训，使全园形成一种"人人6S，个个争先进"的氛围。

(2) 进行自我检查和抽查，察看必需品和非必需品的区分是否落实到位，从自我检查开始，6S推行组进行不定期抽查。

(3) 再次明确必需品摆放场所、摆放方法，进行标识和目视管理。

(4) 将工作场所和设施清扫干净，保持舒适清新的环境，提高工作效率和消除安全事故隐患，保障幼儿与全体教职工的人身安全。

### 五、素养（SHITSUKE）

1. 工作要求：每位教职工都应自觉遵守各项规章制度，养成良好的工作习惯。

2. 推行要领：

(1) 维持和巩固整理、整顿、清扫、清洁的成果。

(2) 定期检查工作环境，保证工作环境整齐有序，养成持久有效的清洁习惯。

(3) 规范全体教职工的工作行为，明确工作职责，以及每个环节的工作要求，变被动为主动，增强教职工的工作积极性与主动性。

（4）每天自我检查：推行上、下班前后"6S"五分钟。

班级"6S"5分钟：

上班：

☆开窗通风（打开门、窗，保证30分钟以上的通风时间）。

☆检查仪表（检查着装状况和清洁度、换好工作鞋）。

☆检查地面（是否有物品掉在地上）。

☆检查柜面（整理桌面、蒙氏柜、钢琴面等）。

☆检查预约区（××时间、班级区域活动预约区）。

☆清理饮水机（排放一部分前一天残留在饮水机里的水）。

下班：

☆检查地面（是否有物品掉在地上）。

☆检查柜面（整理桌面、蒙氏柜、钢琴面、卧室柜面等）。

☆检查区域（整理、添置或修补工作材料，固定可能脱落的标签）。

☆检查电源（检查电脑、电灯开关、空调等）。

☆处理垃圾（扔掉不需要的物品，包括抽屉内的私人物品）。

☆关好门窗（将门、窗关紧）。

办公室"6S"5分钟：

上班：

☆开窗通风（打开门、窗，保证30分钟以上的通风时间）。

☆检查仪表（检查着装状况和清洁度、换好工作鞋）。

☆检查地面（是否有物品掉在地上）。

☆检查桌面（清洁桌面并将桌面的物品、纸张等定位摆放）。

☆检查物品（存放物品、文件材料的位置，固定可能脱落的标签）。

☆清理饮水机（排放一部分前一天残留在饮水机里的水）。

下班：

☆检查地面（是否有物品掉在地上）。

☆检查桌面（清洁桌面并将桌面的物品、纸张等定位摆放）。

☆检查材料（检查有无需要传递的材料或文件）。

☆检查电源（检查电脑、电灯开关、空调等）。

☆处理垃圾（扔掉不需要的物品，包括抽屉内的私人物品）。

☆关好门窗（将门、窗关紧）。

## 六、安全（SECURITY）

1. 工作要求：树立"安全第一"的意识，保证幼儿、教职工的生命安全和幼儿园的财产安全。

2. 推行要领：安全工作标准。

(1) 规范着装。

(2) 上班前须做好基本的"6S"工作。

(3) 入、离园安全。

(4) 教育教学活动安全。

(5) 进餐安全。

(6) 午睡安全。

(7) 大型活动安全。

(8) 环境、设施安全。

(9) 食品安全。

(10) 卫生消毒安全。

(11) 做好消防工作。

(12) 下班前5分钟要做好"6S"工作。

# 请假考勤制度

### 一、考勤要求

（一）幼儿园实行坐班制，教职工按园部规定的作息时间上下班，上班时须亲自签到并准时到岗，并按幼儿园要求准时参加各项集体活动。

（二）幼儿园办公室负责管理全园教职工的考勤工作，保教室负责日常工作考勤统计。

### 二、病假与事假

（一）教职员工因病不能坚持正常工作而需要治疗休息者，在按有关要求提出申请、出具县级及以上医疗单位的病休证明及病历（需加盖医疗单位公章），并经幼儿园批准后可休病假。

（二）教职员工因私事而不能坚持正常工作的，在弹性补休假用完之后，按有关规定提出申请，并经幼儿园批准后可休事假。请事假半日，自行调班，请假一日由园部安排代课。

（三）教职员工病事假有关待遇按以下标准执行。

1. 月病事假累计 15 天以内，发给本人岗位工资和级别工资；奖励性绩效工资中的考核奖及岗位津贴视考勤情况按实发放。

2. 月病事假连续达 15 天以上（含 15 天或 11 个工作日），停发基础性工资中的岗位津贴，以及奖励性绩效工资中的月考核奖及岗位津贴。国家规定的假视考勤情况按实发放。

3. 病事假在 2 个月以内的，发给岗位工资和级别工资。

4. 病事假超过 2 个月的，从第 3 个月起按下列标准发给工资：工作年限不满 10 年的，发放本人岗位工资和级别工资的 90％；工作年限满 10 年的，岗位工资和级别工资全额发放。

5. 病事假连续时间超过 6 个月的，从第 7 个月起按下列标准发给工资：工作年限不满 10 年的，发放本人岗位工资和级别工资的 70％；满 10 年及以上的，发放本人岗位工资和级别工资的 80％。

6. 大中专毕业生在见习期间休产假、病事假的，其见习期应相应延长。见习期最多只可顺延 12 个月，超过者解除聘用合同。

7. 精神病患者、癌症病人在病假期间，也按规定计发病假工资。

8. 连续病事假 6 个月以上者，请假期间不计算连续工龄。

## 三、婚假与丧假

（一）婚假、丧假的对象和期限。

1. 教职员工依法办理结婚登记者，婚假为 15 天（含期间的双休日），若遇法定节假日、寒暑假、公休日假期不顺延；再婚者享受婚假三天。男女双方不在一地工作的，婚假期间可根据路程远近给予路程假。（路程假指按往返所需的车程计算，即：车程在三小时以内，给予半天的路程假；车程在三小时以上的，给予一天的路程假）

2. 教职工的直系亲属（配偶、子女、父母、公婆、岳父母）死亡，给予 3 天丧假；祖父母、外祖父母死亡，给予 1 天丧假（不含节假日）。若在外地的

直系亲属死亡，需要教职工本人去料理丧事的，可根据路程远近给予路程假。（祖父母、外祖父母均指本人单方的，不含配偶方的）

3. 婚假应一次性休完，探亲假、路程假、婚假、丧假若遇公休假、法定节假日、教师寒暑假重合的不顺延。

（二）教职员工在婚假、丧假期间的待遇按以下标准执行。

1. 教职工在婚、丧假和路程假期间，奖励性绩效视出勤情况按实发放，其余工资照发。

2. 教职工婚、丧假的往返路费自理。

3. 因特殊原因需要在婚、丧假之外继续请假的，按事假处理。

### 四、生育假

（一）生育假的对象和期限。

1. 怀孕女教职员工在工作时间内做产前检查，其检查时间视作工作时间；怀孕7个月以上的，在无带班情况下（后勤岗位在不影响正常工作的前提下）每天可迟一小时上班或早一小时下班。怀孕满9个月（满36周）可照顾不带班。

2. 女教职工正常生育者给予产假180天。怀孕3个月以内自然流产，假期同人工流产14天；怀孕4—7个月流产，可根据医生意见给予30—42天的休养假。

3. 配偶符合晚育规定的男性教职工，可在配偶产假期间享受15天看护假（含期间的双休日）。

4. 女教职工婴儿一周岁之内每日给予两次哺乳时间，每次30分钟。生育多胞胎者，每多哺乳一个婴儿，每次哺乳时间增加30分钟。两次哺乳时间可合并使用。

5. 女教职工放节育环的，自手术之日起休息7天；取节育环的，自手术之日起休息3天。输卵管结扎给假21天；人工流产假按相关规定执行。

（二）生育假的待遇按以下标准执行。

1. 享受生育假的女教职员工在规定的休假内，发给基础性绩效工资，不发奖励性绩效工资。享受看护假的男教职员工，奖励性绩效工资按出勤情况发放。

2. 产假、照顾假应一次性休完，与双休日、法定节假日、公休假、寒暑假重合的不顺延。女教职员工如在寒暑假期间生育，产假时间自婴儿出生次日起计算。

### 五、工伤假

教职员工因工负伤，其工伤假按国家有关文件规定执行。

### 六、补休假

（一）教职工每学期可享有____个半日的补休假，需提前向部门负责人申请，并做好登记。

（二）应在不影响工作的情况下申请补休假（周一升旗活动，园内业务、政治学习以及对外接待等集体活动的时间内不得申请补休假），每半日补休人数原则上不超过____人。

（三）补休时如需调整带班时间，应征得园部及配班教师同意。不得私自调整园部安排的带班、值班等时间。

（四）出公差3天以上，返程当日若逢周一——周四晚上或周日晚上，在不影响幼儿园工作的情况下可补休半日。婚假前一周可申请不坐班。

（五）教职工参加学历进修考试，给予准假，应补回相应教学工作量。

（六）教职工子女参加中、高考期间，按考试时间给予休假，其间不发奖励性绩效工资。

### 七、护理假

根据《福建省老年人权益保障条例》规定，独生子女的父母年满六十周岁，患病住院治疗期间，给予每年累计不超过十天的护理时间，护理期间工资福利待遇不变。

### 八、请、销假的规定

（一）教职工请假（包括补休假）均须事先办理请假手续（至少提前2小时）。若有特殊情况应电话告知园领导，事后及时补办有关手续。

1. 教师请假1天以内（含1天），由分管教学的副园长审批，若副园长不在园，可由保教主任审批。1天以上（3天以内，不包括3天），由园长审批。

2. 行政后勤人员（包括编外员工）请假1天以内（含1天），由分管行政的副园长审批，若副园长不在园，可由办公室主任审批。1 天以上（3 天以内，不包括 3 天），由园长审批。

3. 中层主任及副园长请假由园长审批。

4. 教职工请假 3 天以上，经园长同意后，报学校分管副校长审批，学校人事处备案。请假超过 2 个月的，须报校长审批，学校办公室备案。

5. 教职工上班需打卡签到并准时到岗，打卡无效或忘打卡的应及时找当日行政人员报备；外出办公事，须经分管园领导口头批示。

（二）请假、续假期满后，请假者应及时向所属部门或园领导报到销假。凡未经请假、续假或请假未获批准离岗者按旷工（课）处理。

（三）每月的法定工作日按 22 天计算。

（四）本规定未涉及的，按国家有关规定执行。

### 九、与考勤有关的奖惩规定

（一）教职员工请病事假一天扣____元月考核奖，以及每日岗位津贴（按本人岗位津贴除以 22 天计算）。

（二）教职工因交通堵塞、车胎爆破等特殊原因，每月迟到两次，且每次在 15 分钟以内的可忽略不计，超过按____元/次减发月考核奖。未经园部同意，在应参加的各种会议及集体活动迟到或早退，按____元/次减发月考核奖，请假的，按半日事假计算。

（三）加班按每小时____元计算，顶班按每半日____元计算，节假日值班按每天____元计算，讲座、开放活动等其他工作补贴详见《教科研经费支出的有关规定》。

（四）考勤与学期绩效评估挂钩。即：一学期累计病假 6 天以上（含 6 天、扣除补休假），按每天扣 1 分计，封顶 10 分，事假 2 天以上从第 3 天开始按每天扣 2 分计，封顶 20 分。学期累计迟到或早退满 3 次或 30 分钟，评估扣 1 分，后每增加半小时扣 1 分。学期绩效考核奖等级及发放标准见《教师奖励性绩效工资制度》与《与绩效评估有关的扣分项目及规定》。

（五）考勤与半年奖挂钩。学期累计病事假根据扣分情况，发放相应等级的半年奖。请病事假不在岗达三个月及以上时间者，不享受半年奖。

（六）遇幼儿园有重要集体活动时，原则上不予准假，未经准假离岗者本学年不列入评优、评先范围。

（七）病事假休假人员在休假期间不得从事私人有经济收入的活动，否则停止享受病事假期间的一切工资福利待遇，并按旷工处理。

（八）无故旷工者，按实际天数扣发日平均工资及岗位津贴，旷工 2—3 天扣发半年奖，旷工 3 天（含 3 天）以上扣发全年奖金。无故旷工者本学年不列入评优、评先范围。

（九）一学年累计旷工 5 个工作日或 3 次以上（含 3 次），以退职处理。

### 十、附则

（一）园内规定的上下班时间、政治学习、业务学习、值班时间等列入考勤范围。

（二）本规定未尽事项，按国家有关规定执行。

（三）幼儿园办公室负责解释本规定。

（四）本规定自颁布之日起施行。

# 行政值班制度

为加强幼儿园管理工作力度，更好地贯彻落实好幼儿园各项规章制度，确保各项保教工作顺利开展，特制定幼儿园行政值班制度。

1. 严格按照值班日程进行值班。晨间做好早到幼儿与家长的接待工作，确保安全，对各班老师、工作人员出勤情况及时记录，对晨检情况进行检查督促。

2. 及时检查督促各班保教活动、家长工作、幼儿活动情况，杜绝串班、刷手机、玩游戏等现象的发生，对幼儿出勤、保教、安全等方面情况做好详细记录与评价。

3. 做好幼儿午餐的陪餐工作，了解幼儿膳食情况，督促教师指导幼儿养成良好的进餐习惯，杜绝浪费现象。

4. 幼儿午睡期间应深入班级进行检查。杜绝保育员干私活、串班、吃零食、睡觉等现象的发生，确保幼儿午睡质量与安全。

5. 值班人员要做好当天园务协调配合工作，认真及时处理幼儿园突发事件，及时汇报做出处理，并做好详细记录。

6. 值班期间，结合实际情况，及时合理地对保教人员及其他教职员工提出改进意见和建议。

7. 幼儿离园前十分钟，行政值班人员到门口与门卫一起观察幼儿离园情况，要求家长牵着孩子的手离园，谨防可疑人员擅自入园。

8. 教师和幼儿全部离园后，检查全园安全卫生工作确保无误后，做好值班记录方可离园。

# 奖励性绩效工资实施方案

## 一、指导思想

坚持以习近平新时代中国特色社会主义思想为指导，建立科学的奖励性绩效工资考核办法和有效的激励机制，充分调动教职工教书育人、管理育人、服务育人的工作积极性，进一步提高工作质量和效率，促进幼儿园事业健康发展。

## 二、基本原则

（一）以岗位职责为基础，集思广益，认真制定绩效考核指标、项目权重和考核办法，建立符合我园实际的科学的奖励性绩效工资制度。

（二）坚持多劳多得和优绩优酬，适当拉开分配差距，使奖励性绩效工资向教育、教学、管理、服务等方面的骨干岗位及工作成绩突出的教职工倾斜。

（三）体现以人为本和公平公正精神，统筹兼顾幼儿园各类人员之间的绩效工资分配关系。

（四）以履职、出勤情况和工作业绩为依据，在客观公正的绩效考核之后进行绩效工资分配。

## 三、奖励性绩效工资的构成部分

（一）奖励性绩效工资由岗位津贴、月考核奖、学期考核奖、学期安全奖、超工作量补贴、年终绩效奖、班主任津贴七个部分构成。

（二）岗位津贴主要根据承担各岗位工作情况而定，体现"多劳多得"的分配原则，若多承担岗位工作，则领取相应的岗位津贴；月考核奖主要体现教职工完成当月工作任务情况及对出满勤教职工的奖励；学期考核奖主要体现对教职工积极承担和圆满完成各项临时增派且超工作量的任务、出满勤及获得先进教育工作者的奖励等。

## 四、奖励性绩效工资的分配单位

在学校核定的奖励性绩效工资总额内，以园部为单位成立奖励性绩效工资考核工作领导小组，负责进行绩效工资分配工作，园长为绩效工资分配工作的主要负责人。

## 五、奖励性绩效工资的分配办法

（一）岗位津贴

1. 根据《福建幼儿师范高等专科学校绩效工资实施办法（试行）》文件精神及岗位职级情况和责任大小确定（详见"岗位津贴标准"）。

2. 月绩效考核奖每年发放 10 个月，7、8 月份不发。遵守幼儿园各项规章制度，认真履行岗位职责，圆满完成各项工作任务，且出满勤者，岗位绩效补贴全额发放。月病事假累计达 15 天以内，岗位绩效补贴考勤情况按实发放；月病事假连续达 15 天以上（含 15 天或 11 个工作日），不发该月岗位津贴。国家规定的假视考勤情况按实发放（如教职工请婚丧假扣当月实际请假天数的津贴，学期不扣分）。

3. 岗位绩效补贴基数由园长办公会议根据每年幼儿园可支配经费与绩效额度情况确定，实行动态管理。

4. 专业技术人员可选择管理系列或职称系列，按就高的原则执行相应岗位绩效补贴标准，每年由园部核定后执行。若专技职级系数低于管理系列的系数，只能在原专技职级基础上上调一级。教职工正常履行岗位职责、完成基本工作量和幼儿园规定的其他工作任务，岗位绩效补贴全额发放。

**岗位津贴标准**

| 备注 | 职级 | 系数 |
|---|---|---|
| 高级 | 专技三级 | |
| | 专技四级 | |
| | 专技五级 | |
| | 专技六级 | |
| | 专技七级 | |
| 中级 | 专技八级 | |
| | 专技九级 | |
| | 专技十级 | |
| 初级 | 专技十一级 | |
| | 专技十二级 | |
| | 专技十三级 | |
| | 专技见习 | |
| 园长 | | |
| 副园长 | | |
| 中层主任 | | |
| 行政后勤组长 | | |
| 年段长 | | |
| 班主任 | | |
| 副班主任 | | |
| 行政后勤人员 | | |
| 行政见习 | | |

（二）月考核奖

1. 每年发放10个月，7、8月份不发。标准为____元/月，请假按____元/天减发月绩效考核奖。每月病事假累计达15天以内，视考勤情况按实发放；月病事假连续达15天以上（含15天或11个工作日），不发该月绩效考核奖；国家规定的假视考勤情况按实发放（如教职工请婚丧假扣当月实际请假天数的考核奖，学期不扣分）。

2. 一个月内，请假按____元/天减发月考核奖。

教职工因交通堵塞等特殊原因，每月最多允许迟到2次（15分钟以内），超过按____元/次减发月绩效考核奖。

3. 未办理手续私自离岗影响工作者，按____元/次标准减发月考核奖。

4. 未经园部同意，在应参加的各种会议及集体活动迟到或早退，按____元/次减发月考核奖，请假的按半日事假计算。

5. 在规定的上班时间内未请假不来上班的，按旷工处理（不发月考核奖和津贴）。

（三）学期考核奖

1. 一学期里，将考核情况分为"A、B、C、D"四个等级：

A级：学期考核累计扣____分以内（包括____分），全额发放学期考核奖。

B级：学期考核累计扣____分以上（包括____分），下调全额学期考核奖15%。

C级：学期考核累计扣____分以上（包括____分），下调全额学期考核奖30%。

D级：学期考核累计扣____分以上（包括____分），不发放学期考核奖。

2. 具体扣分情况：

（1）在规定时间内未及时上交各类学习材料，经提醒一次后，第2次开始每次扣____分。

（2）家长投诉（了解情况、酌情处理），扣____分。

（3）惩罚幼儿（包含打骂、挖苦、损自尊等），扣____分。

（4）举止不文明或穿戴不规范（包含穿细带、吊带背心、超短裙、裤、露肚脐装，戴垂吊式耳环，戴有凸起饰物的戒指，挂过长胸饰等）或组织幼儿活动时穿高跟鞋、靴（松糕鞋），经提醒一次后，第2次开始每次扣____分。

（5）带班期间干私活（包含带班时接、打电话，玩手机，考试准备等），扣____分。

（6）串岗聊天或脱岗（未做交待，离开班级），期末考核降一档次。

（7）发生事故（酌情处理），扣____分。

（8）一个学期累计病假____天以上，从第____天开始每天扣____分，封顶____分。

（9）一个学期累计事假____天以上，从第____天开始每天扣____分，封顶____分。

（10）一个学期累计迟到或早退满____次或____分钟，扣____分，每增加半小时扣____分。

（11）不服从园部工作安排（酌情处理），扣____分。

（12）因个人言行给幼儿园造成不良影响的，扣____分。

3. 学年评先评优与扣分挂钩：

学年扣分累计____分（含____分），不列入学年评先评优范围。

4. 无故旷工者，不列入学年评先评优范围。旷工____天以上（含____天）扣发全年奖金。

（四）学期安全奖

一线带班教师学期安全奖____元。一线带班教师与保育员学期安全考核奖____元，行政带班教师学期安全考核奖____元。

1. 无安全事故，全额发放安全奖。

2. 出现碰伤、刮伤等轻度安全事故，需要到医务室处理、记录，发放50％安全奖。

3. 出现需要送往医院缝合的安全事故，不发放安全奖。

4. 出现骨折或缝合____次（含____次）等重大安全事故，或隐瞒安全事故的现象，不发放安全奖，学期考核降一级，并根据具体情况追究安全责任。

（五）超工作量补贴

1. 加班：因工作需要，园部安排加班者，视加班工作量情况予以补贴，按____元/小时计算。

2. 代课：按____元/半日计算予以补贴。

3. 兼职党支部书记岗位绩效津贴：

根据相关文件精神，将党支部书记的党务工作计入工作量，按____元/人/月的绩效津贴标准单列发放。

（六）年终绩效奖

1. 将人均年终绩效奖中的____％作为绩效奖金基数，按实际在岗人数及在岗时间分配；____％作为管理岗位津贴统筹基数，按照岗位津贴标准计算分配。

2. 如当月请假连续达15天以上（含15天或11个工作日），扣发当月绩效奖金。国家规定的假视考勤情况按实发放。

（七）班主任津贴

根据文件精神，按照核定的班主任（年段长）每人年均____元的标准，作为班主任（年段长）以及承担行政值班等任务的教职工绩效津贴。发放标准详见《班主任（年段长）津贴发放方案》。

## 六、绩效工资执行要求

（一）奖励性绩效工资的方案制定

1. 根据上级有关规定，在核定的奖励性绩效工资总额内，结合幼儿园实际，制定此实施方案。

2. 在制定绩效工资实施方案时，充分发扬民主，广泛征求教职工的意见与建议。

3. 报上级有关部门审阅，经教代会审议通过并报校长办公会议民主决策同意后，奖励性绩效工资实施方案交付执行。

（二）绩效工资的方案执行

1. 绩效工资应在教职工学期工作考核的基础上进行，并根据实际考核情况确定具体项目、标准和数额。

2. 园长奖励性绩效工资，根据相关文件规定，每年绩效发放后的不足部分，在绩效工资总量范围内，年终按照不高于本园教职工奖励性绩效工资水平1.45倍的标准补差。

3. 每年奖励性绩效工资发放后如有剩余，作为超工作量补贴按照实际在岗时间及岗位津贴标准发给每位教职工。

（三）特殊情况的处理方法

1. 根据《事业单位聘用合同》第七条第二、三条款，"甲方可以随时单方面解除聘用合同"的对象为不参加绩效工资分配的对象。

2. 经组织选派外出挂职、支教或进修学习等人员，应由其所在的挂职单位、支教学校或培训学校等有关机构提供出勤及表现情况，并经园部考核，在此基础上享受相应的绩效工资。

（四）执行时间

奖励性绩效工资实施方案自上级领导办公会通过后当月起执行。

# 岗位聘任制度

## 一、高级岗位职责及入档条件

（一）岗位职责

见岗位说明书。

（二）入档条件

1. 正高级教师三级岗位

（1）任正高级教师职务满____年。

（2）具备履行本岗位职责的能力、水平和责任心，能较好地履行相应岗位职责，学年考核合格以上，其中____年为优秀。

（3）教科研工作。

①发表论文、出版书籍或教学成果：在教育类 CN 刊物上发表____篇（含____篇）以上；或担任主编（副主编）出版书籍____本；或主持省级教学成果获奖。

②课题研究：指导省级及以上课题。

③开课或讲座：在省级范围开设____次（含____次）以上公开课，或在省级以上教育行政部门或业务机构组织的教师培训、教研活动中开设____次（含____次）以上专题讲座。

备注：教科研工作要求为被评为正高级教师后。

（4）省级幼教学科带头人。

（5）荣誉奖项。

____次（含____次）省级及以上综合荣誉（优秀教师、优秀教育工作者、优秀共产党员、巾帼建功标兵等）或国家级单项奖。

2. 正高级教师四级岗位

（1）任正高级教师职务。

（2）具备履行本岗位职责的能力、水平和责任心，能较好地履行相应岗位职责，学年考核合格以上，其中____年为优秀。

（3）教科研工作。

①发表论文、出版书籍或教学成果：在教育类 CN 刊物上发表____篇（含____篇）以上；或担任副主编出版书籍____本；或主持（核心成员）省级教学成果获奖。

②课题研究：负责（主持）省级以上课题或为核心成员。

③开课或讲座：在省级范围开设____次（含____次）以上公开课，或在省级以上教育行政部门或业务机构组织的教师培训、教研活动中开设____次（含____次）以上专题讲座。

（4）省级幼教学科带头人。

（5）荣誉奖项。

____次（含____次）省级以上综合荣誉（优秀教师、优秀教育工作者、优秀共产党员、巾帼建功标兵等）或国家级单项奖。

3. 高级教师五级岗位

（1）任高级教师职务满____年。

（2）具备履行本岗位职责的能力、水平和责任心，能较好地履行相应岗位职责，学年考核合格以上，其中____年为优秀。

（3）教科研工作。

①发表论文、出版书籍或教学成果：在教育类 CN 刊物上发表____篇（含____篇）以上；或担任副主编出版书籍____本；或为省级教学成果奖持有者。

②课题研究：负责（主持）省级以上课题或作为核心成员。

③开课或讲座：在省级范围开设____次（含____次）以上公开课，或在省级以上教育行政部门或业务机构组织的教师培训、教研活动中开设____次（含____次）以上专题讲座。

（4）省级幼教学科带头人。

（5）荣誉奖项。

____次（含____次）市级（省直）以上综合荣誉（先进教育工作者、优秀共产党员等）或省级单项奖（最美教师、教师技能大赛等）。

4. 高级教师六级岗位

（1）任高级教师职务满____年。

（2）具备履行本岗位职责的能力、水平和责任心，能较好地履行相应岗位职责，学年考核合格以上，其中____年为优秀。

（3）教科研工作。

①发表论文、出版书籍或教学成果：在教育类 CN 刊物或省级内部刊物上发表____篇（含____篇）以上（其中至少____篇发表于 CN 刊物）；或担任副主编出版书籍 1 本；或为省级教学成果奖持有者。

②课题研究：省级以上课题核心成员或负责校级以上课题。

③开课或讲座：在县、市级（省直）以上开设____次（含____次）以上公开课（幼儿园多班级开放不算），或在县、市级以上教育行政部门或业务机构组织的教师培训、教研活动中开设____次（含____次）以上专题讲座。

（4）省级幼教学科带头人。

（5）荣誉奖项。

____次（含____次）以上学校先进教育工作者或优秀党员。

5. 高级教师七级岗位

（1）取得高级教师任职资格。

（2）具备履行本岗位职责的能力、水平和责任心，能正常履行相应岗位职责，学年考核合格以上。

（3）教科研工作。

①发表论文、出版书籍或教学成果：在教育类 CN 刊物或省级内部刊物上发表____篇（含____篇）以上（其中至少____篇发表于 CN 刊物）；或担任副主编出版书籍 1 本；或为省级教学成果奖持有者。

②课题研究：省级以上课题核心成员或负责校级以上课题。

③开课或讲座：在校级范围开设或指导____次（含____次）以上公开课（幼儿园多班级开放不算），或在县、市以上教育行政部门或业务机构组织的教师培训、教研活动中开设____次以上专题讲座。

（4）市级（含市级）以上学科带头人，或市级骨干教师，或参加省级骨干教师培训。

（5）荣誉奖项。

____次（含____次）以上校级先进教育工作者或优秀党员。

## 二、中级岗位职责及入档条件

（一）岗位职责

见岗位说明书。

（二）入档条件

1. 中级（一级）教师八级岗位

(1) 任一级教师职务满____年。

(2) 具备履行本岗位职责的能力、水平和责任心，正常履行相应岗位职责，学年考核合格以上。

(3) 教科研工作。

①论文或案例：在教育类刊物上发表或在省级以上汇编1篇以上（参与编写出版书籍视同为省级以上汇编），或省级以上获奖1篇。

②课题研究：参与校级以上课题1项；或负责园级子课题1项。

③开课或讲座：在校级以上开设或指导1次（含1次）以上公开课，或在园级开设2次（含2次）以上专题讲座（面向跟岗学员开设专题讲座或主持市级以上专题研讨）。

(4) 市级（含市级）以上骨干教师培养对象。

(5) 荣誉奖项。

1次（含1次）以上学校先进教育工作者或优秀党员（校级单项奖）。

另注：聘用两轮之后达不到以上要求，岗位应下调一级。

2. 中级（一级）教师九级岗位

(1) 任一级教师职务满____年。

(2) 具备履行本岗位职责的能力、水平和责任心，能正常履行相应岗位职责，学年考核合格以上。

(3) 教科研工作。

①论文或案例：参与编写出版书籍或____篇（含____篇）以上园级汇编，或市级以上获奖____篇。

②课题研究：参与校级以上课题____项；或负责园级子课题____项。

③开课或讲座：在园级以上开设或指导____次（含____次）以上公开课，或在园级以上开设____次（含____次）以上专题讲座。

(4) 荣誉奖项。

____次（含____次）以上幼儿园先进教育工作者或优秀党员。

3. 中级（一级）教师十级岗位

(1) 取得一级教师任职资格。

(2) 具备履行本岗位职责的能力、水平和责任心，完成岗位规定的教学工作量，能正常履行相应岗位职责，学年度考核合格以上。

（3）教科研工作。

①论文或案例：参与编写出版书籍或____篇（含____篇）以上园级汇编，或市级以上获奖____篇。

②课题研究：负责园级子课题____项。

③开课或讲座：在园级以上开设或指导____次（含____次）以上公开课，或在园级以上开设____次（含____次）以上专题讲座。

（4）荣誉奖项。

____次（含____次）以上幼儿园先进教育工作者或优秀党员。

### 三、初级（二级、三级）教师岗位职责及入档条件

（一）岗位职责

见岗位说明书。

（二）入档条件

1. 初级（二级）教师十一级岗位

（1）任二级教师职务满____年。

（2）具备履行本岗位职责的能力、水平和责任心，完成岗位规定的教学工作量，能正常履行相应岗位职责，学年考核合格以上。

（3）教科研工作。

①论文或案例：在园级（含园级）以上汇编____篇（含____篇）以上，或市级以上获奖____篇。

②课题研究：参与园级（含园级）以上课题____项（或参与校级课题子课题____项）。

③开课或讲座：在园级以上开设____次（含____次）以上公开课，或在园级以上开设____次（含____次）以上专题讲座。

（4）荣誉奖项。

____次（含____次）以上幼儿园先进教育工作者或优秀党员。

2. 初级（二级）教师十二级岗位

（1）取得二级教师任职资格。

（2）具备履行本岗位职责的能力、水平和责任心，完成岗位规定的教学工作量，能正常履行相应岗位职责，年度考核合格以上。

（3）教科研工作。

①案例或教育随笔：在园级汇编或交流。

②课题研究：参与园级（含园级）以上课题____项（或参与校级课题子课题____项）。

③开课或讲座：在园内开设____次（含____次）以上公开课。

3. 初级（三级）教师十三级岗位

参照"福建省中小学教师水平评价标准条件"第七章"三级教师条件"。

# 聘用人员管理制度

## 一、基本任职条件

身心健康，具有良好的职业道德，对幼儿充满爱心，富有责任心，能时刻把幼儿的健康和安全放在首位。

## 二、任职条件

1. 教师具有幼儿师范学校毕业及以上学历，并具备教师资格证、教师职称证。

2. 保育员及其他工勤人员具有初中及以上毕业程度，保育员应具备保育员资格证，厨师应具备厨师证，保安应具备保安证。

## 三、工资及福利待遇

工资及福利待遇包括：月工资（包括基本工资、岗位津贴、月考核奖、工龄津贴、五险一金）、学期考核奖、学期安全奖、超工作量补贴、过节费、工会活动费等。

（一）月工资

1. 基本工资、岗位津贴发放标准：

| 岗位职级 | | | 基本工资 | 岗位津贴 | 合计 |
|---|---|---|---|---|---|
| 专业技术岗位 | 代课教师 | 高级 | | | |
| | | 一级 | | | |
| | | 二级 | | | |
| | | 三级（未定级） | | | |
| 工勤岗位 | 专业技术工 | 保育员 | | | |
| | | 高级 | | | |
| | | 中级 | | | |
| | | 初级 | | | |
| | | 厨师 | | | |
| | | 高级 | | | |
| | | 中级 | | | |
| | | 初级 | | | |
| | | 保健助手 | | | |
| | | 行政助手 | | | |
| | 普通工 | 保安 | | | |
| | | 门卫 24小时 | | | |
| | | 食堂员工 | | | |
| | | 保洁员 | | | |

2. 工龄津贴发放标准：

工龄满1年后，每年工龄津贴增加____元/月。

3. 月考核奖发放标准：

(1) 编外聘用教师：参照正编教师的奖励性绩效，发放月绩效考核____元/月。

(2) 其他聘用人员：根据"聘用员工月工作评估表"考核情况发放。

＊遵守幼儿园规章制度，认真完成各项工作任务，月评估为优秀者，发放全额月考核奖____元；月评估为良好者，发放____％月考核奖____元；月评估为合格者，发放____％月考核奖____元；月评估为不合格者，不发放月考核奖。

＊以下情况之一不发放月考核奖：病事假____天以上（含____天）；上班未请假未到岗，及未请假离岗；不服从幼儿园工作安排；因个人工作失误，出现幼儿走失等重大安全事故，或隐瞒安全事故的现象。

4. 五险一金发放标准：按国家有关文件规定执行。

（二）学期考核奖

1. 学期考核奖按 A、B、C、D 四种等级予以评定，由园务会成员负责考评，于学期末发放。

（1）编外聘用教师：

A 级：学期考核奖____元，占编外员工总人数的 25%；

B 级：学期考核奖____元，占编外员工总人数的 65%；

C 级：学期考核奖____元，占编外员工总人数的 10%；

D 级：不享受学期考核奖。

（2）其他聘用人员：

A 级：学期考核奖____元，占编外员工总人数的 25%；

B 级：学期考核奖____元，占编外员工总人数的 65%；

C 级：学期考核奖____元，占编外员工总人数的 10%；

D 级：不享受学期考核奖。

2. 考评办法：根据员工月考核、行政值班记录、保健医生日常检查等情况进行综合评定。

（三）学期安全奖

1. 一线带班教师与保育员学期安全奖____元。参与带班的行政人员学期安全奖____元。

2. 学期安全奖发放办法：

* 无安全事故，全额发放安全奖。

* 出现碰伤、刮伤等轻度安全事故，需要到医务室处理、记录，发放____%安全奖。

* 出现需要送往医院缝合的安全事故，不发放安全奖。

* 出现骨折或____次以上（含____次）缝合等重大安全事故，或隐瞒安全事故的现象，不发放安全奖，不参与该年度评优，并根据具体情况追究安全责任。

3. 如发生安全事故，主要责任人按照以上规定执行，班级其他相关人员酌情发放。

（四）超工作量补贴标准

1. 承担本岗位以外工作的员工，每月根据其工作性质、工作量情况发放超工作量补贴＿＿＿元/小时。

2. 误餐补贴：园内＿＿＿元/餐，园外＿＿＿元/餐。

3. 家长会：保育员白天＿＿＿元、晚上＿＿＿元，保安白天＿＿＿元、晚上＿＿＿元。

4. 接待观摩活动：保育员＿＿＿元/半日，其他员工＿＿＿元/半日。

5. 跟岗培训：保育员＿＿＿元/日、保洁员、保安、门卫、食堂员工、保健助手＿＿＿元/日。

6. 部门组长：＿＿＿元/月。

7. 代课教师：顶班＿＿＿元/半日。

8. 保育员：幼儿在园期间，超时工作量补贴为＿＿＿元/月；小班保育员新学年第一个月超工作量补贴＿＿＿元/月；参加班务会补贴＿＿＿元/次。

9. 保洁员：顶班＿＿＿元/日；午间清洁班级地板＿＿＿元/套/月。

10. 门卫：幼儿在园期间，傍晚值班（剩下＿＿＿个幼儿）＿＿＿元/月；寒暑假期间，午餐补贴＿＿＿元/月；暑假高温费＿＿＿元/月；年休假＿＿＿天。

11. 门卫年假期间，顶班＿＿＿元/天/人/年；门卫请假期间，顶班按门卫月工资（基本工资＋岗位津贴）/30天×值班天数；遇春节期间（大年二十九至正月初五），额外补贴＿＿＿元/天；寒暑假期间，轮流值班，值班期间每天来园安全巡视＿＿＿小时，并做好相关记录，遇到极端天气及特殊情况需全天在园值班。

12. 食堂工作人员：增加用餐人数按实际用餐人数计算超工作量补贴。

（五）过节费发放标准及工会活动费

根据幼儿园实际情况按相关规定发放。

备注：

1. 新入职人员试用期为一个月，试用期只发放月工资（基本工资＋岗位津贴），试用期不满一个月，按照月工资（基本工资＋岗位津贴）除以22天再乘以请假天数扣除，不享受节假日福利及五险一金补贴。试用不合格者园方不予以聘用。试用期结束被园部正式聘用，当月工作时间不足一个月的，按照月工资（基本工资＋岗位津贴＋月考核奖）及五险一金补贴除以22天再乘以实际工作天数计算，开始享受节假日福利。

2. 寒暑假工资照常发放，但须根据园部工作需要，按照园部安排完成值班、物品档案整理、卫生保洁等工作任务，每人需至少达到＿＿＿个半日工作量。

3. 工作日在园午餐，需交伙食费____元/月。

4. 其他特殊工种（如园艺工、水电工等）工资待遇具体根据其工作性质、工作量确定。

### 四、考勤规定

（一）病假与事假

1. 请假（包括公假、出差、补休等）须事先提出申请，填写《请假审批表》，经有关审批人员批准的假期方为有效。请假1天以内的，由所属部门分管园领导审批；请假1天及以上由园长审批。因特殊原因不能按期销假上班的，原则上应提前1天以上办理续假手续。凡未办理请假、续假手续或请假、续假未获批准而擅自离岗者，均按旷工（旷课）论处。

2. 请假时间的计算：请假1小时以内，三次计为半日；请假1小时以上2小时以内，两次计为半日，三次计为一日；请假2小时以上4小时以内，计为半日；请假时间超过4.5小时计为一日。

3. 请假扣工资计算方法：月工资（基本工资＋岗位津贴）除以22天再乘以请假天数。

4. 因病不能坚持正常工作而需要治疗休息者，在按有关要求提出申请、出具县级及以上医疗单位的病休证明及病历（需加盖医疗单位公章），并经园部批准后可休病假。

5. 患重大疾病（如癌症、精神病、瘫痪等）或非因公负伤，需要停止工作医疗者，参照《企业职工患病或非因工负伤医疗期的规定》给予相应医疗期。医疗期间，给予福州市最低工资标准。

（二）婚假与丧假

1. 女性员工年满二十三周岁、男性员工年满二十五周岁的初婚者，婚假为15天，应一次性休完，若遇法定节假日、寒暑假、公休日假期不顺延。

2. 员工如直系亲属（指配偶、子女、父母、公婆、岳父母等）死亡，给予丧假3天，若遇法定节假日、寒暑假、公休日假期不顺延。若在外地的直系亲属死亡，需教职工本人去料理丧事的，可根据路程远近给予路程假。

3. 婚假与丧假期间，基本工资照发。因特殊原因需要在婚、丧假之外继续请假的，按事假处理。

4. 员工婚、丧假的往返路费自理。

(三) 生育假

1. 怀孕女员工在工作时间内做产前检查,其检查时间视作工作时间。

2. 正常生育者给予产假180天,生育者应事先向人事处请假。

3. 配偶符合《福建省人口与计划生育条例》生育规定的男性教职员工,可在配偶产假期间享受15天看护假(含期间的法定节假日和公休假)。

4. 产假、照顾假应一次性休完,与双休日、法定节假日、公休假、寒暑假重合的不顺延。女教职员工如在寒暑假期间生育,产假时间自婴儿出生次日起计算。

5. 有一周岁之内婴儿的女教职员工每日给予两次哺乳时间,每次30分钟。生育多胞胎者,每多哺乳一个婴儿,每次哺乳时间增加30分钟。两次哺乳时间可合并使用。

6. 享受生育假的女员工在规定的休假内,只发基本工资。

7. 怀孕后流产的,其休息时间按病假处理。

(四) 工伤假

教职员工因工负伤,其工伤假按国家有关文件规定执行。

## 五、优秀内聘员工制度

(一) 内聘员工申报条件

1. 工作认真、踏实、敬业,品行端正,具备良好的职业道德。

2. 持有与岗位相符的岗位资格证,具有从事该岗位工作的能力和水平。

3. 身心健康,在本园任职时间达____年及以上,且年龄不超过____周岁(取得大专及以上学历的可适当放宽年龄要求)。

4. 任职期间,无任何不良信用记录、投诉及责任事故,并累计____次及以上获得园部"优秀员工"荣誉表彰。

(二) 内聘员工申报程序

1. 本人提交书面申请表及相关证明材料。

2. 园部成立考核小组(即园务会成员),对申报人材料进行审核,并按一定比例组织相关人员(如管理人员、同事、家长代表等)进行谈话,征求群众意见。

3. 组织召开教职工代表大会,对申报人员进行民主评议,同意推荐率应达到 85%以上。

4. 成为内聘员工，每年将参加在编教职工年度考核，若考核结果未达到"合格"以上，或有违反法律法规、幼儿园劳动纪律、规章制度等行为，将取消其内聘员工的评审资格。

（三）优秀内聘员工评审办法

1. 召开考核小组会议，对符合条件的内聘员工进行综合考评，按聘用人数＿＿％比例以无记名投票方式产生推荐人选。

2. 公示评审推荐结果（5个工作日），上报学校人事处备案及审批。

3. 此项工作与教职工年度考核工作相结合，于每年六月份进行。

（四）优秀内聘员工福利待遇

1. 基本工资、工龄补贴、过节费、加班补贴等参照编外员工工资标准。

2. 年终绩效奖按在编教职工奖金基数的＿＿％发放。

## 六、其他规定

1. 编外聘用人员入园时应与幼儿园签订劳动合同，并严格按照合同上的相关规定执行。

2. 编外聘用人员资格考试管理办法：

（1）初级保育员资格考试：个人参加培训考试取得资格证书，在园工作满一年后，可报销考试报名费用。

（2）中高级保育员、厨师（或面点师）资格考试：个人按意愿报名参加培训，报名费自理。

（3）聘用人员从业资格证书由幼儿园统一保管，在本园连续工作满三年后，可根据实际需要归还。

3. 两学期考核至少一次评为 A 级的，方可参与年度优秀员工评选。

4. 如遇门卫日夜班为同一个人，基本工资只加一次。

5. 本制度从＿＿年＿＿月开始执行。

# 作息时间安排

| 人员 | | 作息时间 |
|---|---|---|
| 值班人员 | 行政 | 上午 7:40—全体幼儿离园 |
| | 教师 | 上午 7:40—8:30 |
| | 保健 | 上午 7:30—8:50，中午 12:00—14:30 |
| | 食堂 | 7:00—14:30（早班）　7:30—15:30（晚班） |
| 教师 | | 主班教师：上午 8:00—12:10<br>　　　　　下午 15:00—17:15（夏令时），14:45—17:00（冬令时） |
| | | 配班教师：上午 8:15—11:30<br>　　　　　下午 14:25—17:15（夏令时），14:25—17:00（冬令时） |
| 跟岗人员 | | 上午 8:00—12:10<br>下午 14:25—17:15（夏令时），14:25—17:00（冬令时） |
| 行政后勤 | | 上午 8:00—11:30<br>下午 14:45—17:15（夏令时），14:30—17:00（冬令时） |
| 食堂人员 | | 管理员：上午 7:30—12:30<br>　　　　下午 14:45—17:15（夏令时），14:30—17:00（冬令时）<br>厨　师：7:45—14:00<br>勤杂人员：上午 7:00—15:30（早班），7:30—14:30（中班）<br>　　　　　8:00—16:30（晚班） |
| 保育员 | | 7:45—17:15（夏令时），7:45—17:00（冬令时） |
| 保健员 | | 保健医生：上午 8:00—12:00<br>　　　　　下午 14:45—17:15（夏令时）　14:30—17:00（冬令时）<br>保健助手：7:40—15:00 |
| 保洁员 | | A：上午 7:00—11:30，下午 14:00—17:00<br>B：7:00—15:00 |
| 保安 | | 7:30—17:30 |
| 门卫 | | 24 小时全天 |

## 二、教育教学管理制度

### （一）保教类

# 课程实施管理制度

### 一、实施要点

1. 全面贯彻党的教育方针，认真落实《3—6 岁儿童学习发展指南》精神、"适性教育"办园思想，坚持以幼儿发展为本，优化课程结构，调动幼儿园自主开发课程和自主管理课程的积极性，构建"尊重、开放、多元、互动"的园本课程体系。

2. 成立课程实施领导小组，负责园本课程实施的总体思考和实践研究。以教科研活动为切入点，以年段为单位负责课程实施的阶段性实践研究，确保"适性教育"理念的践行。

3. 健全幼儿园课程管理制度，建立规范的备课、检查制度，重视教育的各个环节，抓好对实施课程过程的管理，保证幼儿园课程运行正常、合理、有序。

4. 教师应充分利用幼儿园户外场地、各功能室、周围自然和社会环境，挖掘课程资源，丰富幼儿的学习形式、拓展幼儿的学习空间，各班级教师必须保证参加各功能室的活动，充分发挥功能室的作用。

5. 科学合理地安排幼儿一日活动作息，教师可根据实际情况作适当调整。保证适宜的基础课程与特色课程比例，注重生活、游戏、运动、学习四大版块活动开展的平衡，遵守保教结合的原则。

6. 确立幼儿园以游戏为基本活动的观点，积极地为幼儿创造游戏条件，提供丰富的游戏材料，保证幼儿游戏的时间，创设支持幼儿深度学习的游戏环境，满足幼儿的游戏需求和发展需求。

7. 加强教师对课程相关教材的系统学习，明确本年龄段幼儿的学习内容、特点，及相关学习经验。

8. 注重家园共育，通过多种途径和方法指导幼儿家庭教育，根据幼儿发展的特点采取相应的教育措施，充分挖掘社区、家长资源，促进幼儿园、家庭、社区同步化的教育。

9. 以正确的教育观、儿童观为指导，注重对课程质量的评估分析，建立发展性、动态性的课程评价制度，对幼儿身心发展、教师教育行为等进行全方位的评价，确保课程的有效性、适宜性。

10. 各课题组针对课程实施过程中存在的问题开展相应的研训活动，激励教师们积极参与幼儿园的课程建设，提出合理化的建议与要求，逐渐充实和完善幼儿园的课程建设，推动课程园本化进程。

11. 拟订科学规范、易于操作的保教质量监测工具，科学实施过程性、指导性观测，形成保教质量动态监控机制。建立上下联动、有效互动的课程审议制度，提升管理者课程领导力和教师课程执行力。

12. 加强以保障课程建设为中心的资源配置与保障，协调、沟通，提高工作效益，充分发挥人力、物力为课程与教学服务，保证各类课程的落实及有序开展。

### 二、保教观测制度

为了确保园本课程实施的正确方向，加强教学管理工作，实现教学管理的科学化和规范化，教育教学部门对幼儿园的保教工作进行过程性的观测与监控，以切实提高教学管理水平、教学质量和办学效益。

（一）保教观测原则

1. 科学性原则。坚持在保教观测中按教育规律办事，从园本实际出发，实事求是，科学观测，注重在课程管理中运用各种科学理论和方法，运用现代科学技术手段。

2. 规范性原则。按上级教育主管部门的有关文件精神及园本课程实施方案，建立适合一日保教工作实际的观测指标，促进保教观测的科学化、规范化、制度化。

3. 服务性原则。教学管理人员务必树立服务教师、服务幼儿、服务家长的服务意识，努力提高服务质量和工作效率，确保保教工作的中心地位。

（二）保教观测要求

1. 保教部门建立过程性了解、观测教学质量的常态化机制，拟定各类观测表，以现场观测的形式进行教学质量监测。

2. 保教观测应注重时效性，对不同阶段的活动观测应有所侧重。如期初观测侧重环境创设、材料提供情况，期中观测应侧重师幼互动、学习深度等方面，而期末则可侧重于幼儿的发展水平上。

3. 保教部门汇总检查情况，填写有关表格（《户外游戏活动保教观测表》《自主性游戏保教观测表》《室内区域游戏保教观测表》《教育环境创设观测指标》等）。如有需要形成书面小结，并及时反馈园部。

4. 加强观测信息反馈过程的管理，保教观测中发现的问题，应通过现场沟通指导、事后深入研讨、QQ整体反馈等方式及时反馈，及时整改。

5. 观测结果要落到实处，不走形式，针对检查中发现的不足之处，指导教师进行整改，并做好跟进落实工作。

6. 形成教育教学部门月工作汇报制度，每月最后一周选择一个工作日召开会议，由教学园长、园长、副园长及教学部门相关人员参会，各年段段长、保教主任、教研主任汇报一个月以来的常规工作、重点工作及下阶段重点，园长、教学园长根据大家的汇报，对存在问题以及下阶段工作进行指导与建议。

7. 形成保教工作月反馈制度，教学园长负责收集年段指导教师在带教和日常下班过程中发现的共性问题、主要问题，组织部门负责人分析问题、寻找对策，并梳理汇报提纲或制作PPT，于每月最后一周业务学习期间对全体教师进行反馈、提出整改策略，并跟进落实到位。

### 三、课程试点班申报制度

（一）申报标准

1. 具有较强的课程改革意识，能以开放的心态面对课程改革任务，创新工作，且具有一定的观察幼儿、反思教学的能力。

2. 爱岗敬业，工作扎实，班级管理有序，幼儿发展良好，获得家长好评。

3. 班级中一位教师教龄5年以上，具有中级教师职称，所撰写的论文或案例有一定的实践价值，至少一篇发表在CN刊物。

（二）申报方法

1. 自愿报名：以双向选择为前提，根据申报标准，班级教师共同协商，于8月底向园部申报。

2. 园部把关：课程领导小组根据申报标准对申报班级各方面情况进行综合评价，研究确定试点班级。

（三）试点主要工作

试点工作在园部课程领导小组的指导、部署下进行，时间长短视项目而定，试点班级具体任务有：

1. 深刻理解领会"适性教育"内涵，思考"适性教育"在××课程中落实的方法与途径，形成试点班课程实施的具体方案。

2. 率先承担园部推行的各项改革措施和创新项目。

3. 定期通过多种形式（现场观摩、研讨分享、开设讲座等），展示试点工作的阶段研究成效。

4. 及时进行小结梳理，形成过程性的资料、案例。

(四) 园部支持举措

1. 人员：试点班级按1：2.5的教师比例配备，以做好各项幼儿观察记录及资料整理工作，并配备一名指导教师（园部课程领导小组成员或外请学前系专业教师）。

2. 设备：提供必要的研究设备与资料，如电教设备（电脑、相机）、活动材料（个性化配置）、专业书籍（按需购买）。

3. 展示：搭建平台，及时推广试点经验，发挥试点班教师的作用。如向各级刊物、研讨会推荐经验文章、案例；对园内外开放观摩、开设讲座等。

4. 学习进修：试点班教师可优先推荐参加各种专业学习、进修。

5. 评先评优：试点班教师可优先推荐成为园级、省级骨干教师以及学科带头人培养对象，同等条件下的评先评优、职称评聘，享有优先权。

6. 绩效待遇：试点班教师的岗位绩效按工作量适当给予奖励。

## 四、行政后勤人员顶班带教制度

为发挥我园省级学科带头人、省级骨干教师的引领示范作用，并确保行政后勤人员在做好行政兼职的同时，保持其专业性与一线工作量，根据《福建省人民政府关于进一步加强中小学教师队伍建设的意见》和《福建省深化中小学教师职称制度改革试点工作方案》精神与带班工作量要求，特制定我园行政后勤人员顶班带教有关规定如下：

1. 顶班带教工作量规定：园长每周顶班带教一个工作日（每半天为一个工作日）；副园长每周顶班带教两个工作日；部门主任每人均有专属班级，每周需完成三个工作日的班级保教工作量，其中顶班两个工作日，带教一个工作日。如遇其他班级教师外出学习需要顶班，以园部的安排为先，可适当减少专属班级的顶班量。

2. 顶班带教工作要求：带班前应了解班级活动背景，熟悉幼儿基本情况与最近的学习经验，认真备课，精心准备材料，做好相关准备，仪表着装需符合幼儿园带班规范，为一线教师提供良好的示范。

3. 顶班带教过程中应遵守《幼儿园一日活动日常保教工作实施指引》，关注幼儿活动情况并做好记录，与班级教师进行必要的交接。

4. 顶班期间不随意调班，不随意离开活动现场，如有紧急公事须经园部同意，并保证幼儿安全的情况下方可离开。

5. 针对顶班带教中发现的问题，及时与班级原任教师沟通协商应对策略，发挥骨干教师引领作用，同时针对年轻教师（即"手拉手"对象）带班中存在的不足，进行示范、指导。

6. 定期（每月一次）参加所属班级的班务会，对班级管理的各项工作，如主题环境创设、家长沟通、特殊幼儿教育等进行适时指导。

# 课程阶段研讨制度

### 一、总则

1. 为进一步规范、优化幼儿园"××课程"的编制与实施，加强课程过程性的审议与管理，依据《幼儿园××课程编制与实施方案》，遵循过程性、动态性、一致性等原则，结合课程实施实际情况，制定课程阶段研讨系列制度。

2. 幼儿园课程阶段研讨制度包含：全园课程阶段反思会、核心骨干教师课程研讨会、教育教学部门课程研讨会、课程整改措施意见征集、课程整改措施解读与实施。

### 二、全园课程阶段反思会

1. 每学期末举行全园参与的课程阶段反思会，查摆、收集、梳理本学期实施课程中的共性、个性问题。

2. 园长主持行政部门反思会，教学园长主持教育教学部门反思会，行政园长主持后勤部门反思会。

3. 教育教学部门反思会流程：

主持人明确会议主题—按年段分组梳理问题—团队列名；各组呈现问题—问题界定；将各组问题合并、归类、命名—团队投票；根据问题的紧迫性和重要性，投票聚焦下阶段需解决的问题—参与式研讨，明确问题、分析原因、提出建议。

4. 教学副园长负责梳理、小结各部门针对课程实施查找的问题，提出建议，并收集过程性的资料。

5. 每两年发放一次课程设置与实施调查问卷，面向家长、教师广泛收集关于课程设置与实施方面的问题及整改建议。

### 三、核心骨干教师课程研讨会

1. 全园课程阶段反思会后一周内，召开核心骨干教师课程研讨会，参会人员包括全体行政人员、年段长、各部门负责人等（参照园务扩大会），会议由园长或教学副园长主持，发展部主任或教研部主任记录。

2. 参会人员分析全园课程阶段反思会所产生问题的性质、原因，聚焦问题的解决，交流各自的观点，发现彼此观点的共同点以及接纳合理的不同观点，达成解决问题的共识，形成初步的课程问题解决措施。

3. 教学园长负责综合各方意见，收集会议记录，形成课程阶段性整改初步措施与策略。

### 四、教育教学部门课程研讨会

1. 核心骨干教师课程研讨会后，教育教学部门召开部门研讨会，参会人员包括教学园长、保教主任、教研主任，会议由教学园长主持。

2. 参会人员针对核心骨干教师课程研讨会上形成的课程阶段性整改初步措施与策略，思考、探讨、商议实施的可行性和操作性，将措施与策略细化、具化成可实施执行的步骤。

3. 教学园长负责梳理研讨内容，形成较为可行的课程整改方案；保教主任根据整改策略及研讨结果，负责修订下阶段幼儿园一日活动安排与作息，并就整改的部分做详实的解读；教研主任负责拟定下阶段教师专业培训重点及内容安排，包括期初岗位练兵、新师成长、业务学习等方面。

## 五、课程整改措施意见征集

1. 暑假期间，召开全体行政会议，会议由园长主持，教学园长、行政园长提供部门会议资料。

2. 教学副园长汇报教育教学部门课程研讨会形成的课程整改方案，听取各方意见，及时进行修订完善。

3. 保教主任、教研主任通过微信或 QQ 向年段长反馈各自部门的下阶段整改和落实方案；段长负责面向年段教师发布和征求一线教师的意见和建议，并及时梳理向上反馈；保教主任、教研主任根据年段反馈意见上报园部达成修订意见，负责再次完善方案。

4. 行政副园长根据教育教学部门的整改意见，汇报后勤部门对下阶段课程实施的保障措施，形成项目保障进度表。

5. 教学园长整合保教主任、教研主任课程整改方案形成新学期课程设置与实施方案。

## 六、课程整改措施解读与实施

1. 期初，教育教学部门负责向全体教师解读新学期课程设置与实施方案。

2. 段长召开年段会议，重点围绕整改方案实施与执行中可能产生的共性问题，商讨落实具体策略，形成年段研讨会议记录并上交教学园长，年段长着手拟定新学期年段工作计划。

3. 班主任召开班务会，根据年段会内容，针对班级实际情况，商议课程整改方案的班本化落实策略，着手拟定新学期班级工作计划。

4. 教育教学部门由教学园长牵头，根据下阶段课程整改方案，负责修订和完善《幼儿园××课程编制与实施方案》。

说明：

1. 各会议、研讨流程可根据具体情况进行适当调整。

2. 在新学期的课程实施中，各部门通过"班级审议—年段审议—部门审议"三级课程实施情况审议制度，关注幼儿在课程中的兴趣与需要、学习与发展。

3. 定期对课程设置的合理性、科学性，课程的价值与内涵、定位与均衡进行评估反馈，为新一轮的课程阶段研讨收集过程性的信息与素材。

# 班级管理制度

## 一、班务会

1. 班级实行班务会制度，会议由班主任负责召开，班组成员参加，根据需要可轮流主持。会议一周至少召开一次。

2. 根据幼儿园的相关管理要求，班级工作中事关全局的重大问题（学期班级工作计划、家委会成员产生等），必须经班务会讨论决定。

3. 班务会议题由班组成员共同确定，做好每次的会议记录，学期末应保教部门要求统一登记、记录、装册与上交。

4. 班务会时间于期初上报保教部门，如因特殊情况需调整班务会时间，应事先与保教部门沟通，以免与园部安排的活动冲突。

5. 班务会要贯彻高效原则，做好会议准备工作，把握会议时间，精简会议人员，抓好议定事项的落实。

## 二、保教经验分享

根据幼儿园保教管理工作要求，班级保教人员结合班级学期工作重点及实际管理工作需要，每学期确定一项班级保教管理工作经验重点，三位教师围绕此重点预设相关主题，结合实践经验的梳理，于学期末参与由保教部门组织的班本保教管理工作经验交流与分享会，结合有关反馈，梳理成文稿。

1. 学期班级保教管理工作经验交流议题由班主任提出，保教部门负责收集和汇总，并由保教主任与各班班主任共同讨论、审定后确定。

2. 议题应由班级三位教师预拟，形成明确、具体、可行的方案，并融入班级工作计划。

3. 经保教主任审定后的重要议题，如确有需要，有关部门、班级教师应事先形成初步意见、行动方案等书面材料，以供保教部门讨论交流。

4. 保教部门期中、期末应对各班确定的保教管理工作实施情况展开阶段性的交流互动，提出具体指导建议。

5. 学期末，各班以 PPT 的形式汇报班级保教管理工作经验，参与审议的园长、教学副园长、保教主任及教师，针对汇报简明清晰地发表自己的反馈意见或建议。

6. 保教部门从中选择富有推广、借鉴价值的班级管理经验进行汇编，并将汇编手册发放至班级，持续、深入地推进班级日常保教管理工作质量的提升。

### 三、配班要求

1. 按各年段配班需要，准时到班级配合当班教师完成各项活动的组织与实施。

2. 关注幼儿个体差异，配合当班教师做好活动区活动、小组活动、集体教育活动、户外活动等环节的个别指导。

3. 配合保育员和当班教师做好幼儿卫生保健及生活护理工作，如保育工作人手不够，应临时承担保育顶班工作。

4. 严格遵守配班规定，配班期间不随意离班，如因特殊原因无法配班，应及时告知当班教师。

### 四、计划总结制定

1. 保教工作计划与总结的制定应遵循《纲要》《指南》精神，结合幼儿园、年段学期工作计划与思路进行拟定，应切实符合班级幼儿、教师与家长的实际情况。

2. 保教工作计划与总结应由班组成员共同参与讨论、协商制定，制定思路可参考由保教部门拟定的《班级学期保教计划制定的提示与要求》，由班主任教师执笔撰稿成文。

3. 保教工作计划与总结的结构应基本涵盖几个主要部分：幼儿学习发展情况分析、学期培养目标、阶段工作重点与实施、家长工作及班级其他工作等。

4. 保教工作计划与总结的各阶段内容预设与实施应体现日常教育教学活动过程，涵盖周活动安排表预设、班级环境创设、家长工作开展等内容。

5. 严格按照保教管理工作规定，于预设时间前将保教工作计划与总结汇总至年段长处，由年段长上交至保教主任。

6. 结合保教管理部门的审核与反馈，班级教师应及时对工作计划总结进行调整完善。

# 特殊行为幼儿管理制度

幼儿园特殊行为幼儿包括：多动、自闭、感统失调、攻击他人、社交恐惧、选择性缄默倾向等行为或心理异常的幼儿，他们在适应班级集体、与同伴交往等过程中常出现个体不适应、干扰正常教育教学活动，甚至给同伴带来安全威胁等。为了能更好地帮助该部分幼儿适应幼儿园集体生活，全面提高幼儿园保教工作质量，促进每一个幼儿的健康和谐发展，特拟定以下管理制度。

1. 为特殊行为幼儿建立专项档案。档案内容包括：幼儿基本信息（出生年月、家庭住址、家长情况、病史、家庭主要监护人看护方式等）；幼儿在园发生挑战性行为的全程观察记录（包括观察记录表、视频、相片等）；班级教师与有挑战性行为幼儿家长的全程沟通记录（包括微信聊天截屏、电话通讯内容、个别约谈会议记录等）；特殊行为幼儿在园与同伴发生矛盾纠纷导致伤害事故发生的突发性事件或关键事件处理的完整记录等。

档案内容根据阶段适时更新、完善，档案建档后由班主任教师专项管理，设定档案借阅权限，保护幼儿个人隐私。

2. 为特殊行为幼儿所在班级配备相应的人员支持。借助园内管理层、骨干教师团队、专业保健医生等人力资源，通过与班级教师沟通，到活动现场倾听、观察、分析幼儿行为特征等方式，了解该幼儿的具体表现与影响情况，做出必要的诊断分析与支持办法，协助班级教师共同推进对该部分幼儿的支持引导与家园沟通工作。

3. 针对存在严重干扰集体或同伴活动、对同伴造成较严重或严重身心伤害等情况的该部分幼儿建立以下管理办法。

（1）由班级教师与幼儿家长进行一对一沟通交流，反映情况，了解该幼儿家长及其他家长对事件的关注态度与行为反映，提出相关问题解决办法或意见，并紧密跟踪1—2周观察分析幼儿的后续情况，及时做好家园沟通。

（2）根据幼儿在园的持续情况，若在家园配合引导的情况下，行为问题得到缓解或好转可持续跟进，如无效则提议家长在班级教师、幼儿园保健医生的陪护下，到相应专业机构进行行为问题的诊断分析，并出具相关医学诊断书，供幼儿园参考分析。同时，幼儿家长须听取专业人员建议，陪护幼儿进行有关的行为矫正培训或练习，确保幼儿行为问题得到科学的引导支持。

（3）对有特殊行为的幼儿，园方结合综合情况研判，提出由家长入班陪护的要求后，家长方可入园陪护；如家长主动提出陪护需求，须通过班级教师向园部提出申请，得到园部许可后方可实施。进班前，陪护家长需认真了解相关陪护要求及签订陪护人员准则，积极配合班级教师做好幼儿的看护与管理工作。

（4）对不愿意配合园方处理建议的家庭，园方出于对整体幼儿学习发展及身心健康的责任，有义务与权利提出在未经专业机构分析诊断前，对幼儿实施暂不入园就读的决定，直至家长做出有关配合及承诺后方可进行下一步的协商沟通。

以上管理制度建立在班级教师进行一定时期的追踪观察、分析解读幼儿行为特征情况，并与家庭进行必要的访谈、沟通、交流等基础上。

附：

## 特殊行为幼儿观察记录表

幼儿姓名：_____ 性别：_____ 出生年月：_____ 所在班级：_____

| 项　目 | 情况记录 |
| --- | --- |
| 幼儿家庭情况描述<br>（家庭住址、家长工作、受教育情况、与家庭主要监护人的关系等） | |
| 幼儿行为情况追踪<br>（体现各阶段的记录时间、事件过程、处理办法等信息） | |
| 家园沟通情况追踪<br>（体现各阶段的沟通时间、要点、形式——电话、微信或是约谈、沟通结果等信息） | |

续表

| 项　目 | 情况记录 |
|---|---|
| 与园部沟通过程<br>(体现各阶段沟通时间、要点、结果等) | |
| 对重要事件的处理建议<br>(体现重要事件发生的过程、内容梗概、处理办法等) | |

# 功能室管理制度

一、功能室管理制度是指对幼儿园木工坊、悦读屋、乐构城、创意室、爱乐厅等功能室在使用过程中的各项管理制度。

二、各功能室由指定专人负责管理，定时开放，建立功能室使用制度，对功能室内的一切设施设备进行入库、检查、使用情况记录。

三、各功能室负责人应对师幼开展有关功能室使用的安全教育，每月定时对功能室进行安全检查，做好检查记录；及时报告安全隐患，协助相关人员及时处理，并做好记录。

四、功能室内的一切设施设备，未经许可不得私自带出，发现问题及时上报，凡使用不当造成损坏或缺损应追究相关责任。

五、爱护室内各项物品，保持室内清洁卫生，每次活动后，带班老师和幼儿共同做好活动室内的清洁工作。

六、各班教师应与幼儿共同建立科学合理的功能室活动常规，遵守相关规定，每次使用后应及时做好记录。

七、活动前，教师做好相关准备工作；活动中，教师应发挥幼儿自主性，关注活动安全，注重收集、录制过程性的活动资料；活动后及时整理，共享多功能室教育资源、有益经验。

八、管理人员于活动前要检查室内环境，确保活动安全。活动后应关好门窗，防止物品丢失，确认安全后方可离开。

九、节日、寒暑假期间应切断内部电源，物品实行封闭式管理。

# 保教文档资料制度

## 一、电子文档资料

1. 工作计划与总结：每学期第二周前上传年段工作计划、班级工作计划；每学期结束前一周上传年段、班级工作总结。

2. 周计划表：每周四前上传下周周表，每周一于家园联系栏展示当周周表。

3. 主题活动、功能室活动：每学期以班级为单位，撰写两项活动资料各1份，并附活动相关资料（活动方案、活动照片、音像资料等）。

4. 区域活动：每学期以班级为单位，撰写区域活动案例不少于2篇，其中1篇为操作实例，另1篇为探究性活动案例。

5. 领域活动：每学期每位教师梳理不少于1篇的领域活动案例（包括设计意图、活动反思、说课稿、活动照片、课件、音像资料等）。

6. 逐日计划：6年教龄以上按月撰写，6年教龄以下书写详细教案。

7. 幼儿发展：班级教师应为每位幼儿建立个人成长档案，并结合观察记录框架，按月梳理有关观察资料（每位幼儿每学期不少于5篇），汇集于档案中，及时与家长互动，并在档案中留下有关反馈。此外，每学期还应结合实际教学活动需要，开展不同形式的观察，并进行记录（不少于6篇），包括个案研究、教育故事、幼儿发展评价等。

8. 家长工作：汇集家长会、家园联系、幼儿发展档案等相关资料。

9. 班级环境创设：用照片的形式呈现本学期动态班级环境创设情况，附简单文字说明，每项3—5张。

10. 班级照片资料：班级精彩活动照片资料，每项3—5张代表照片。

11. 共享资料：相关讲座PPT、文稿、外出学习拍摄照片等及时归档上传。

## 二、书面文档资料

1. 日常书面文档资料：班务活动登记表、班务会会议记录表、年段会议记录表、家长工作记录表、家访记录表、家长会材料、家长开放日材料等。

2. 幼儿个人档案资料：幼儿作品、幼儿活动观察记录、调查表等。

# 幼儿园一日活动日常保教工作实施指引（小班）

| 一日活动环节 | 实施要点 ||
|---|---|---|
| | 教师 | 保育员 |
| 晨间接待 | **主班：**<br>1. 面带微笑，主动向幼儿问好。<br>2. 关注幼儿来园的情绪，对于情绪波动的幼儿及时向家长了解原因，给予安抚。<br>3. 提醒幼儿按要求插放晨检牌和摆放自己的物品。<br>重点关注：<br>＊幼儿的情绪，结合晨检牌颜色，观察了解幼儿健康情况。<br>**配班：**<br>1. 协助主班教师热情接待幼儿和家长。<br>2. 提醒幼儿放好物品后洗手、喝水。 | 1. 面向幼儿和家长，主动向幼儿问好。<br>2. 指导幼儿辨识自己的标记并摆放物品。<br>3. 配合教师做好个别幼儿消极情绪的疏导工作。<br>4. 到食堂取点心。<br>5. 关注个别如厕的幼儿。<br>重点关注：<br>＊洗手、饮水及材料的收放情况。 |
| 户外自主游戏、运动 | **自主游戏：**<br>1. 进行班级个性化早操热身，领操时精神饱满、动作规范，调动幼儿的积极性。<br>2. 与幼儿共同创设游戏场景，充分发挥幼儿自主性，做好游戏各项准备工作。<br>3. 了解幼儿的游戏计划，组织游戏前的谈话。<br>4. 鼓励幼儿自由、自主地参与游戏，支持他们的游戏想法和需求，成为幼儿游戏的伙伴。<br>5. 重点关注定点区域游戏中幼儿与材料的互动行为，做好必要的观察记录。 | 1. 协助教师做好游戏前的准备工作（场景布置、材料摆放等）。<br>2. 关注幼儿游戏时的着装、如厕等情况，提醒他们带上水壶。<br>3. 协助定点区域的教师开展游戏，关注幼儿的安全。<br>4. 与幼儿共同整理游戏材料，分类摆放。<br>重点关注：<br>＊幼儿在游戏中的安全。 |

续表

| 一日活动环节 | 实施要点 | |
|---|---|---|
| | 教师 | 保育员 |
| | 6. 关注幼儿游戏中的交往行为及规则意识，发现问题适时介入，正面引导。<br>7. 组织游戏后的谈话，引导幼儿大胆交流分享经验、自主解决问题，共同制定游戏公约。<br>重点关注：<br>*幼儿与材料的互动及对游戏计划的落实情况。 | |
| | **户外运动：**<br>1. 合理安排体育活动内容，提供适宜、能满足幼儿动作发展需要的体育活动材料，并根据幼儿活动情况及时调整。<br>2. 有序组织、指导幼儿参与体育游戏和器械活动，活动内容与强度适宜。<br>3. 观察了解幼儿运动情况，注重个别差异，鼓励幼儿在活动中大胆挑战自己，满足发展基本动作的需要。<br>4. 提醒幼儿动静交替、调整活动量并及时增减衣服。<br>5. 引导幼儿正确使用各种体育器械，不做危险动作。<br>6. 提醒并帮助幼儿及时更换衣服、汗巾及饮水。<br>重点关注：<br>*幼儿参与运动的情况。 | 1. 备齐户外用的毛巾、纸巾、收纳篮。<br>2. 运动中提醒并适当帮助幼儿擦汗、穿脱衣服。<br>3. 注意关照体弱多病的幼儿。<br>4. 协助老师做好运动中对幼儿的保护。<br>5. 做好活动后运动器械的摆放和整理工作。<br>6. 提醒幼儿饮水，协助如厕的幼儿整理衣裤。<br>重点关注：<br>*个别幼儿运动量的控制及户外体育运动的安全。 |
| 点心 | **主班：**<br>1. 分批组织幼儿有序洗手、吃点心，协助幼儿挽袖子。<br>2. 鼓励幼儿尝试吃完属于自己的那份点心。<br>3. 指导幼儿正确擦嘴、漱口的方法。 | 1. 做好餐桌消毒工作，准备幼儿的点心。<br>2. 指导幼儿正确洗手。<br>3. 处理洒在地上、桌上的点心。 |

续表

| 一日活动环节 | 实施要点 ||
|---|---|---|
| | 教　师 | 保育员 |
| | 4. 提醒先吃完的幼儿进行安静的活动，如看书、观察自然角等。<br>重点关注：<br>＊幼儿点心情况及安静活动的组织。<br>配班：<br>1. 在盥洗室帮助、指导幼儿正确洗手，协助幼儿整理衣裤，并提醒幼儿用正确的方法洗手、擦手。<br>2. 教育和提醒幼儿节约用水。<br>3. 提醒幼儿不在盥洗室逗留。<br>重点关注：<br>＊幼儿正确洗手的方法（9月、10月配班）。 | 4. 协助如厕的幼儿整理衣裤。<br>5. 协助教师做好下一活动的准备工作。<br>重点关注：<br>＊幼儿正确洗手及如厕情况。 |
| 室内区域游戏 | 主班：<br>1. 提前准备和投放适宜的活动材料。<br>2. 引导幼儿结合材料做区域游戏计划，并有针对性地进行个别互动与指导。<br>3. 围绕目标提供适宜的活动材料，并根据幼儿的活动情况及时调整和更换。<br>4. 鼓励幼儿自主选择区域游戏内容，并及时引导。<br>5. 重点观察了解幼儿活动情况，及时进行针对性指导与记录。<br>6. 用眼神、笑容、身体动作表达对幼儿的支持，让幼儿在游戏中有安全感和信任感。<br>7. 关注幼儿的行为，及时制止不安全的行动（推搡、奔跑、争抢玩具等）。<br>8. 活动后组织幼儿进行游戏回顾，帮助幼儿提升与梳理经验。<br>重点关注： | 协助、指导幼儿整理区域活动材料。<br>重点关注：<br>＊部分区域的配合观察与必要支持。 |

续表

| 一日活动环节 | 实施要点 | |
| --- | --- | --- |
| | 教师 | 保育员 |
| | ＊幼儿参与活动情况及游戏前后的组织。<br>＊与家长的交接工作，引导幼儿参与区域游戏活动。<br>配班：<br>1. 协助引导幼儿自主参与晨间区域游戏活动，关注个别幼儿参与游戏活动情况。<br>2. 鼓励幼儿根据自己的游戏计划选择区域内容。<br>3. 协助主班教师对幼儿入区与活动情况进行观察记录，并对幼儿选择的区域活动空间进行个别调整，对遇到困难的幼儿给予及时的引导与帮助。<br>4. 引导幼儿有序取放和整理活动材料。<br>重点关注：<br>＊部分区域幼儿活动情况及个别指导。<br>＊个别幼儿情绪，并及时疏导。 | |
| 自由活动 | 主班：<br>1. 鼓励幼儿自带玩具，自由玩耍。<br>2. 提醒个别幼儿不做剧烈运动和危险行为。<br>3. 指导幼儿分批进行盥洗，准备进餐。<br>重点关注：<br>＊幼儿活动的安全及兴趣。 | 1. 进行午餐前的消毒工作。<br>2. 分餐工作，根据幼儿不同情况（身体状况、肥胖、营养不良、挑食等）控制饭菜量。<br>3. 指导幼儿正确、有序地盥洗，准备进餐。<br>重点关注：<br>＊幼儿洗手情况。 |
| 午餐 | 主班：<br>1. 营造愉快、安静的进餐氛围，介绍当日菜谱，鼓励幼儿独立进餐，让幼儿养成不挑食、不浪费食物的好习惯。<br>2. 根据幼儿的进食量与饭菜冷热及时添加适量食物，关注偏食、体弱及特殊需要的幼 | 提醒幼儿餐后归类摆放餐具，及时漱口、擦嘴，养成文明进餐的习惯。<br>重点关注：<br>＊协助个别体弱或吃得慢的幼儿吃完自己的食物。 |

续表

| 一日活动环节 | 实施要点 | |
|---|---|---|
| | 教　师 | 保育员 |
| | 儿，鼓励幼儿吃完自己的一份饭菜。<br>3. 提醒幼儿归类摆放餐具，及时漱口、擦嘴，养成文明进餐习惯。<br>**重点关注：**<br>＊幼儿进餐情况。<br>**配班：**<br>1. 协助主班教师做好幼儿进餐工作，重点帮助偏食、体弱及特殊需要的幼儿。<br>2. 帮助中午需要回家的个别幼儿做好离园准备，并带领幼儿有序地离园。<br>**重点关注：**<br>＊幼儿进餐情况（小班上期配班）。 | |
| 餐后活动 | **主班：**<br>组织幼儿开展餐后安静活动（如阅读图书、观看动画片、散步观察等）。<br>**重点关注：**<br>＊餐后提醒幼儿不做剧烈运动。 | 1. 指导进餐较慢幼儿的餐后整理。<br>2. 收拾好餐具，将餐车推至电梯口，并与食堂人员做好交接工作。<br>3. 擦净桌面，指导保洁员做好活动室地面清洁工作。<br>4. 调节寝室光线，关注温度及通风情况。<br>**重点关注：**<br>＊做好班级的餐后整理、消毒工作。 |
| 午休 | **主班：**<br>1. 提醒幼儿睡前如厕，安静进入寝室，不将小玩具等不安全的物品带入寝室。<br>2. 安抚幼儿情绪，指导幼儿正确穿脱衣服的方法，并尝试整齐摆放，协助个别有困难的幼儿。 | 1. 帮助穿套头衫的幼儿拉袖子，鼓励幼儿尝试整理脱下的衣服和裤子。<br>2. 协助幼儿塞好被子，避免幼儿着凉。<br>3. 巡回观察幼儿睡眠情况，及 |

续表

| 一日活动环节 | 实施要点 | |
|---|---|---|
| | 教师 | 保育员 |
| | 3. 及时提醒或帮助幼儿调整睡姿。鼓励幼儿尽快入睡，与保育员做好交接班工作。<br>重点关注：<br>*督促与引导幼儿有序入寝，并做好相关交接工作。 | 时帮助幼儿调整睡姿，提醒睡醒或容易尿床的幼儿及时如厕。<br>4. 陪伴没有睡着的幼儿，如有幼儿未入睡，不做其他事情。<br>5. 发现异常情况及时处理。<br>重点关注：<br>*幼儿入睡及如厕情况。<br>*个别幼儿的特殊需求。 |
| 起床、饮水、吃水果 | 主班：<br>1. 提醒幼儿安静起床，按顺序穿衣裤，整理仪容仪表。<br>2. 分批起床（特别是冬季），先让能力较弱、动作发展较慢的幼儿起床，帮助个别幼儿穿衣服，避免着凉。<br>3. 督促幼儿起床后及时饮水。<br>4. 提醒幼儿洗手后吃水果，安静地听故事或看图书。<br>重点关注：<br>*幼儿起床饮水情况。<br>配班：<br>1. 协助部分幼儿穿衣、整理着装。<br>2. 关注个别体弱幼儿及时饮水。<br>重点关注：<br>*幼儿穿衣情况（小班上期配班）。 | 1. 做好餐桌消毒工作，准备好幼儿下午吃的水果。（14:45）<br>2. 协助幼儿穿套头衫，帮助幼儿先将头伸出来，让幼儿自己伸胳膊。<br>3. 引导幼儿区分衣裤、鞋子的前后和正反，鼓励幼儿自己穿衣服和鞋子。<br>4. 提醒幼儿及时如厕。<br>5. 引导幼儿有序取水、饮水，关注幼儿饮水量是否适宜。<br>重点关注：<br>*寝室的整理清洁工作及对个别幼儿的帮助。 |
| 点心 | 主班：<br>1. 引导幼儿点心前有序、正确地洗手、擦手。<br>2. 鼓励幼儿吃完属于自己的那份点心。<br>3. 提醒先吃完的幼儿进行安静的活动，如看书、观察自然角等。 | 1. 做好餐桌消毒工作，准备幼儿的点心。<br>2. 处理洒在地上、桌上的点心。<br>3. 协助教师做好下一活动的准备工作。 |

续表

| 一日活动环节 | 实施要点 | |
|---|---|---|
| | 教　师 | 保育员 |
| | 重点关注：<br>＊幼儿有序洗手、吃点心。<br>配班：<br>1. 指导幼儿正确洗手，协助整理衣裤。<br>2. 协助个别幼儿吃完点心。<br>重点关注：<br>＊个别幼儿吃点心的情况（9月、10月配班）。 | 重点关注：<br>＊收拾餐桌，协助做好下一步活动的准备。 |
| 集中活动 | 主班：<br>1. 以集体或分组的形式组织教学。<br>2. 培养幼儿良好的倾听习惯，并鼓励幼儿大声地回答老师的提问。<br>3. 关注每一个幼儿的学习情况，对不同能力的幼儿有不同要求。<br>4. 注意自己的语音语调，引发幼儿学习兴趣及学习积极性。<br>重点关注：<br>＊有序组织集体教学活动，关注幼儿参与活动的兴趣。 | 1. 清洗点心杯，做好盥洗室洗手池台面、地面清洁工作。<br>2. 整理幼儿床铺，做好寝室地面清洁工作。<br>3. 处理突发事件。<br>重点关注：<br>＊点心后的整理工作。 |
| 体育游戏区域运动 | 主班：<br>1. 合理安排体育活动内容，提供适宜、能满足幼儿动作发展需要的体育活动材料，并根据幼儿活动情况及时调整。<br>2. 有序组织、指导幼儿参与体育游戏和器械活动，活动内容与强度适宜。<br>3. 观察了解幼儿运动情况，注重个别差异，鼓励幼儿在活动中大胆挑战自己，满足发展基本动作的需要。<br>4. 提醒幼儿动静交替、调整活动量并及时增减衣服。 | 1. 备齐户外用的毛巾、纸巾、收纳篮。<br>2. 运动中提醒并适当帮助幼儿擦汗、穿脱衣服。<br>3. 注意关照体弱多病的幼儿。<br>4. 协助老师做好运动中对幼儿的保护。<br>5. 做好活动后运动器械的摆放和整理工作。<br>6. 提醒幼儿饮水，协助如厕的幼儿整理衣裤。 |

续表

| 一日活动环节 | 实施要点 | |
|---|---|---|
| | 教　师 | 保育员 |
| | 5. 引导幼儿正确使用各种体育器械，不做危险动作。<br>6. 提醒并帮助幼儿及时更换衣服、垫巾及饮水。<br>重点关注：<br>＊幼儿参与运动的情况。 | 重点关注：<br>＊个别幼儿运动量的控制及户外体育运动的安全。 |
| 离园 | **主班：**<br>1. 帮助幼儿整理衣物，提醒幼儿带好自己的物品。<br>2. 按时带领幼儿进入离园等待区。<br>3. 主动与幼儿挥手道别，将每个幼儿安全送到家长手中。<br>4. 与个别家长交流幼儿的特殊情况（身体状况、大小便、摔跤等）和特殊需求（特殊饮食、更换衣裤等）。<br>重点关注：<br>＊幼儿离园交接的安全情况。<br>**配班：**<br>1. 协助主班老师做好幼儿的服装、仪容整理。<br>2. 个别家长晚接时，做好幼儿情绪安抚工作。<br>重点关注：<br>＊离园时交接的安全情况。 | 1. 帮助幼儿整理衣物，检查寝室物品柜，及时提醒幼儿领走遗留的物品。<br>2. 向个别家长简要反馈幼儿生活情况。<br>3. 整理、清洁活动室。<br>重点关注：<br>＊个别幼儿离园交接情况。 |

# 幼儿园一日活动日常保教工作实施指引（中班）

| 一日活动环节 | 实施要点 | |
|---|---|---|
| | 教　师 | 保育员 |
| 晨间接待 | **主班：**<br>1. 面带微笑，主动向幼儿、家长问好。<br>2. 关注幼儿来园情绪，对于情绪波动的幼儿及时向家长了解原因，给予安抚。<br>3. 根据幼儿晨检牌关注幼儿健康情况。<br>4. 引导幼儿制定游戏计划，并有针对性地进行互动指导与记录。<br>5. 引导幼儿照料自然角的动植物，并进行观察与记录。<br>重点关注：<br>＊幼儿制定游戏计划以及自然角观察记录的情况。 | 1. 用恰当的语言引导幼儿摆放个人物品。<br>2. 指导值日生工作。<br>3. 关注幼儿的身体状况，协助教师安抚个别幼儿情绪。<br>4. 到食堂取点心。<br>重点关注：<br>＊幼儿洗手、饮水情况。 |
| 自主点心 | **主班：**<br>1. 鼓励幼儿自主进行洗手、倒奶、洗杯等。<br>2. 提醒幼儿在规定时间内完成自助点心，并做好记录。<br>重点关注：<br>＊幼儿在自助点心中的自我服务意识。 | 1. 做好餐桌消毒工作，准备幼儿的点心。<br>2. 提醒个别幼儿在规定的时间内吃完自己的点心。<br>3. 处理洒在地上、桌上的点心。<br>重点关注：<br>＊提醒个别动作慢的幼儿及时吃点心。 |
| 户外自主游戏 | **主班：**<br>1. 进行班级个性化早操热身，领操时精神饱满、动作规范，调动幼儿的积极性。<br>2. 与幼儿共同创设游戏场景，充分发挥幼儿的自主性，做好游戏的各项准备。 | 1. 协助教师做好游戏前的准备（场景布置、材料摆放等）。<br>2. 关注幼儿游戏的着装、如厕等情况，提醒他们带上水壶。<br>3. 协助定点区域教师开展游 |

续表

| 一日活动环节 | 实施要点 | |
|---|---|---|
| | 教　师 | 保育员 |
| | 3. 鼓励幼儿自主拟定游戏计划，并结合合作需求，介绍自己的游戏计划。<br>4. 鼓励幼儿自由、自主地参与游戏，支持他们的游戏想法和需求，成为幼儿游戏的伙伴。<br>5. 重点关注定点区域游戏中幼儿与材料的互动行为，做好必要的观察记录。<br>6. 关注幼儿游戏中的交往行为及规则意识，发现问题适时介入，正面引导。<br>7. 游戏材料的收放、归类和整理。<br>**配班：**<br>1. 协助主班教师组织开展游戏活动，观察幼儿的游戏行为。<br>2. 关注幼儿的安全。<br>重点关注：<br>＊幼儿与材料的互动及对游戏计划的落实情况。 | 戏，关注幼儿的安全。<br>4. 与幼儿共同整理游戏材料，归类摆放。<br>重点关注：<br>＊幼儿在游戏中的安全。 |
| 集中活动（游戏回顾教学活动） | **主班：**<br>1. 组织幼儿画游戏故事，倾听幼儿的游戏故事并记录。<br>2. 组织游戏后的谈话，引导幼儿大胆交流分享经验、自主解决问题，共同制定游戏公约。<br>3. 组织开展集体教学活动，关注每一个幼儿的学习情况，对不同能力的幼儿作不同要求。<br>4. 集体教学活动根据问题难易程度选择不同能力的幼儿回答，做到面向全体。<br>5. 集体教学活动环节注意动静交替，激发幼儿学习的积极性。 | 1. 指导幼儿户外活动回班后更换衣物、如厕、饮水。<br>2. 帮助个别能力较弱的幼儿换衣服和汗巾。 |

续表

| 一日活动环节 | 实施要点 | |
| --- | --- | --- |
| | 教师 | 保育员 |
| | 重点关注：<br>＊幼儿倾听、表达及师幼互动情况。 | |
| 午餐 | 主班：<br>1. 鼓励幼儿独立进餐，正确使用餐具并以正确的坐姿进餐，培养幼儿不挑食、不浪费食物的好习惯。<br>2. 全面观察幼儿进餐情况，关注饭菜温度，及时提供帮助。<br>3. 提醒幼儿餐后归类摆放餐具，及时漱口、擦嘴，养成文明进餐的习惯。<br>重点关注：<br>＊幼儿进餐习惯。 | 1. 进行午餐前的消毒工作。<br>2. 指导值日生有序分发餐具。<br>3. 根据幼儿不同情况（身体状况、肥胖、营养不良、挑食等）控制饭菜量。<br>4. 指导幼儿正确、有序地盥洗，准备进餐。<br>重点关注：<br>＊值日生工作情况，提醒幼儿餐后归类摆放餐具，及时漱口、擦嘴。<br>＊个别幼儿进餐习惯。 |
| 餐后活动 | 主班：<br>组织幼儿开展餐后安静活动（如阅读图书、故事分享、散步观察等）。<br>重点关注：<br>＊幼儿安静活动情况。 | 1. 指导值日生进行桌面残渣清理和餐具整理。<br>2. 将餐车推至电梯口，并与食堂人员做好交接工作。<br>3. 调节寝室光线、温度及通风情况（做好入寝准备）。<br>4. 清洗幼儿勺子和擦嘴巾。<br>重点关注：<br>＊值日生餐后整理情况。 |
| 午休 | 主班：<br>1. 提醒幼儿睡前如厕，安静进入寝室。<br>2. 指导幼儿正确穿脱衣物的方法，将衣物叠整齐后放在指定位置。<br>3. 及时提醒幼儿调整睡姿，与保育员做好交接班工作。 | 1. 帮助个别能力较弱的幼儿脱衣裤。<br>2. 轻声提醒个别幼儿用科学姿势入睡，盖好被子。<br>3. 巡视、关注每位幼儿的睡眠、身体情况。 |

续表

| 一日活动环节 | 实施要点 ||
|---|---|---|
| | 教　师 | 保育员 |
| | 重点关注：<br>＊幼儿穿脱衣物的情况（睡前准备情况）。<br>＊关注个别身体不适及需要帮助的幼儿。 | 4. 用轻拍、陪伴等方式帮助幼儿安静地入睡。<br>5. 发现异常情况及时报备处理。<br>重点关注：<br>＊幼儿入睡与如厕情况。<br>＊特殊幼儿的需求。 |
| 起床、饮水 | 主班：<br>1. 提醒幼儿安静起床，自己有序穿衣裤，整理仪容仪表。<br>2. 鼓励幼儿自主饮水（喝适量水）。<br>重点关注：<br>＊幼儿饮水情况。 | 1. 做好餐桌消毒工作，准备幼儿的点心。<br>2. 协助幼儿按顺序穿衣裤，提醒睡上铺幼儿坐在床上穿衣服，不做危险动作。<br>3. 提醒幼儿有序穿衣服（特别是冬季，先穿上衣，后穿裤子），避免着凉。<br>4. 鼓励幼儿自己整理床铺。<br>重点关注：<br>＊能力较弱幼儿的穿脱衣物情况。 |
| 点心、水果 | 主班：<br>1. 引导幼儿点心前有序、正确地洗手、擦手。<br>2. 鼓励幼儿吃完属于自己的那份点心和水果。<br>3. 提醒先吃完的幼儿进行安静的活动，如看书、观察自然角等。<br>重点关注：<br>＊幼儿吃点心和水果的情况。 | 处理洒在地上、桌上的点心。<br>重点关注：<br>＊幼儿洗手、漱口情况。 |

续表

| 一日活动环节 | 实施要点 | |
| --- | --- | --- |
| | 教　师 | 保育员 |
| 室内区域游戏 | **主班：**<br>1. 提前准备和投放适宜的活动材料。<br>2. 引导幼儿结合材料做区域游戏计划，并有针对性地进行个别互动与指导。<br>3. 围绕目标提供适宜的活动材料，并根据幼儿的活动情况及时调整和更换。<br>4. 鼓励幼儿自主选择区域游戏内容，并及时引导。<br>5. 重点观察了解幼儿活动情况，及时进行有针对性的指导与记录。<br>6. 用眼神、笑容、身体动作表达对幼儿的支持，让幼儿在游戏中有安全感和信任感。<br>7. 关注幼儿的行为，及时制止不安全的行动（推搡、奔跑、争抢玩具等）。<br>8. 活动后组织幼儿游戏回顾，帮助幼儿提升与梳理经验。<br>重点关注：<br>\* 幼儿参与活动情况及游戏前后的组织。<br>**配班：**<br>1. 协助引导幼儿自主参与区域游戏活动，关注个别幼儿参与游戏活动情况。<br>2. 鼓励幼儿根据自己的游戏计划选择区域内容。<br>3. 协助主班教师对幼儿入区与活动情况进行观察记录，并对幼儿选择的区域活动空间进行个别调整，对遇到困难的幼儿给予及时的引导与帮助。<br>4. 引导幼儿有序取放和整理活动材料。<br>重点关注：<br>\* 部分区域幼儿活动情况及个别指导。<br>\* 个别幼儿情绪，并及时疏导。 | 1. 清洗点心杯，做好盥洗室洗手池台面、地面清洁工作。<br>2. 整理幼儿床铺，做好寝室地面清洁工作。<br>3. 协助处理教学行为中的突发事件。<br>4. 协助、指导幼儿整理区域活动材料。<br>重点关注：<br>\* 个别点心吃得较慢的幼儿。<br>\* 部分区域的配合观察与必要支持。 |

续表

| 一日活动环节 | 实施要点 | |
|---|---|---|
| | 教　师 | 保育员 |
| 体育游戏区域运动 | **主班：**<br>1. 合理安排体育活动内容，提供适宜、能满足幼儿动作发展需要的活动材料。<br>2. 有序组织、指导幼儿参与体育游戏和器械运动，活动内容与强度适宜。<br>3. 鼓励幼儿积极参与运动，并培养幼儿勇于尝试、挑战自己的意志品质。<br>4. 增强幼儿自我保护意识，提升自我保护能力，引导幼儿出汗时知道脱衣服或知道不适时主动告诉老师。<br>重点关注：<br>＊幼儿参与运动情况及运动中的安全。 | 1. 做好活动前安全检查、器械准备，并备齐汗巾、纸巾、收纳篮等。<br>2. 运动中观察幼儿的活动量，提醒幼儿擦汗、增减衣物，并引导幼儿将脱下的衣服放到收纳篮。<br>3. 特别关注体弱幼儿，及时为出汗的幼儿背后垫上汗巾。<br>4. 协助老师做好运动中对幼儿的保护。<br>5. 做好活动后运动器械的摆放和整理工作。<br>重点关注：<br>＊特殊体质幼儿的运动情况。 |
| 离园 | **主班：**<br>1. 提醒幼儿整理衣物，带好自己的物品。<br>2. 按时带领幼儿进入离园等待区。<br>3. 提醒幼儿离园的安全，与老师道别后离开，不在园内逗留。<br>4. 根据需求与家长进行简短沟通。<br>5. 将个别留园幼儿送交值班人员，并做好交接班记录。<br>重点关注：<br>＊离园时交接的安全情况。<br>**配班：**<br>1. 协助幼儿整理衣物，并带好自己的物品。<br>2. 协助幼儿离园，关注接送情况。<br>重点关注：<br>＊离园时交接的安全情况。 | 1. 协助幼儿整理衣物。<br>2. 检查寝室物品柜，提醒个别幼儿不要遗漏自己的物品。<br>3. 向个别家长简要反馈幼儿生活情况。<br>4. 整理、清洁活动室，关好门窗、水电。<br>重点关注：<br>＊个别幼儿离园交接情况。 |

# 幼儿园一日活动日常保教工作实施指引（大班）

| 一日活动环节 | 实施要点 | |
|---|---|---|
| | 教师 | 保育员 |
| 晨间入园 | **主班：**<br>1. 面带微笑，主动向幼儿、家长问好。<br>2. 关注幼儿来园的情绪，根据幼儿晨检牌关注幼儿健康情况，提醒幼儿进行晨间签到。<br>3. 提前准备和投放适宜的户外活动材料。<br>4. 引导幼儿做户外游戏计划，并有针对性地进行个别或小组互动与指导。<br>5. 提醒做完计划的幼儿自主选择室内游戏材料进行安静活动，如阅读、下棋、建构、自然角观察等。<br>重点关注：<br>＊幼儿入园身心状况。<br>＊幼儿参与游戏计划的情况。 | 1. 用恰当的语言引导幼儿摆放个人物品。<br>2. 指导值日生工作。<br>3. 关注幼儿的身体状况。<br>4. 到食堂取点心。<br>5. 关注幼儿在阳台自然角的活动情况。<br>重点关注：<br>＊室内游戏材料的收放情况。<br>＊对幼儿在阳台自然角活动的配合观察与必要支持。 |
| 点心 | **主班：**<br>1. 鼓励幼儿自主进行洗手、倒奶、洗杯等。<br>2. 提醒幼儿在规定时间内吃完自助点心。<br>3. 鼓励幼儿自主选择点心后的自由活动内容。<br>重点关注：<br>＊幼儿在自助点心中的自我服务意识。 | 1. 做好点心前的桌面消毒和点心准备工作。<br>2. 关注幼儿自助点心情况，提醒幼儿根据自己的需要来选择点心的量。<br>3. 提醒个别幼儿在规定的时间内吃完点心，指导幼儿处理洒在地上、桌上的点心。<br>重点关注：<br>＊个别动作慢的幼儿。 |

续表

| 一日活动环节 | 实施要点 | |
|---|---|---|
| | 教师 | 保育员 |
| 户外自主游戏 | 主班：<br>1. 进行班级个性化早操热身，领操时精神饱满、动作规范，调动幼儿的积极性。<br>2. 与幼儿共同创设游戏场景，充分发挥幼儿的自主性，做好游戏的各项准备。<br>3. 鼓励幼儿自主拟定游戏计划，并结合合作需求，介绍自己的游戏计划。<br>4. 鼓励幼儿自由、自主地参与游戏，支持他们的游戏想法和需求，成为幼儿游戏的伙伴。<br>5. 重点关注定点区域游戏中幼儿与材料的互动行为，做好必要的观察记录。<br>6. 关注幼儿游戏中的交往行为及安全意识，发现安全问题适时介入，正面引导。<br>7. 游戏材料的收放、归类和整理。<br>重点关注：<br>＊幼儿与游戏环境（材料、同伴等）的互动情况。<br>＊游戏计划的实施、发现并解决问题的过程。<br>配班：<br>1. 协助主班教师组织开展游戏活动，观察幼儿的游戏行为。<br>2. 关注幼儿的安全。<br>重点关注：<br>＊幼儿与材料的互动及对游戏计划的落实情况。 | 1. 协助教师做好游戏前的准备工作（场景布置、材料摆放等）。<br>2. 关注幼儿游戏的着装、如厕等情况，提醒他们带上水壶。<br>3. 协助定点区域教师开展游戏，关注幼儿的安全。<br>4. 与幼儿共同整理游戏材料，归类摆放。<br>重点关注：<br>＊幼儿在游戏中的安全。 |
| 集中活动（游戏回顾教学活动） | 主班：<br>1. 游戏后鼓励每个幼儿用个性化的方式进行游戏回顾，并用完整清晰的语言将回顾内 | 1. 指导幼儿户外活动回班后更换衣物、如厕、饮水。<br>2. 指导个别能力较弱的幼儿换 |

续表

| 一日活动环节 | 实施要点 ||
|---|---|---|
| | 教师 | 保育员 |
| | 容表述出来，教师进行记录。<br>2. 根据幼儿回顾情况，组织幼儿进行集体或小组谈话，引导幼儿大胆交流分享经验、自主解决问题，共同制定游戏公约等。<br>3. 组织开展集体教学活动，关注每一个幼儿的学习情况，对不同能力的幼儿提不同要求。<br>4. 集体教学活动根据问题难易程度选择不同能力的幼儿回答，做到面向全体。<br>5. 教学环节注意动静交替，激发幼儿学习的积极性。<br>重点关注：<br>＊幼儿倾听、表达及师幼互动情况。 | 衣服和汗巾。<br>重点关注：<br>＊在集中活动特别需要保育帮助的幼儿，如突发身体不适的幼儿。<br>＊关注幼儿安全。 |
| 午餐 | 主班：<br>1. 鼓励幼儿独立进餐，正确使用餐具并以正确的坐姿进餐，培养幼儿不挑食、不浪费食物的好习惯。<br>2. 全面观察幼儿进餐情况，关注饭菜温度，及时提供帮助。<br>3. 提醒幼儿餐后归类摆放餐具，及时漱口、擦嘴，养成文明进餐的习惯。<br>重点关注：<br>＊幼儿进餐习惯。 | 1. 进行午餐前的消毒工作。<br>2. 指导值日生有序分发餐具。<br>3. 根据幼儿不同情况（身体状况、肥胖、营养不良、挑食等）控制饭菜量。<br>4. 指导幼儿正确、有序地盥洗。<br>重点关注：<br>＊值日生工作情况，提醒幼儿餐后归类摆放餐具，及时漱口、擦嘴。<br>＊个别幼儿进餐习惯。 |
| 餐后活动 | 主班：<br>组织幼儿开展餐后安静活动（如阅读图书、故事分享、散步观察等）。<br>重点关注：<br>＊幼儿安静活动情况。 | 1. 指导值日生进行桌面残渣清理和餐具整理工作。<br>2. 将餐车推至电梯口，并与食堂人员做好交接工作。<br>3. 调节寝室光线、温度及通风 |

续表

| 一日活动环节 | 实施要点 ||
|---|---|---|
| | 教　师 | 保育员 |
| | | 情况（做好入寝准备）。<br>4. 清洗幼儿勺子和擦嘴巾。<br>重点关注：<br>＊值日生餐后整理情况。 |
| 午休 | 主班：<br>1. 提醒幼儿睡前如厕，安静进入寝室。<br>2. 指导幼儿正确穿脱衣物的方法，将衣物叠整齐后放在指定位置。<br>3. 及时提醒幼儿调整睡姿，与保育员做好交接班工作。<br>重点关注：<br>＊幼儿穿脱衣物的情况（睡前准备情况）。<br>＊关注个别身体不适及需要帮助的幼儿。 | 1. 指导个别能力较弱的幼儿脱衣裤。<br>2. 轻声提醒个别幼儿用科学姿势入睡，盖好被子。<br>3. 巡视、关注每位幼儿的睡眠、身体情况。<br>4. 用轻拍、陪伴等方式帮助幼儿安静地入睡。<br>5. 发现异常情况及时报备处理。<br>重点关注：<br>＊幼儿入睡与如厕情况。<br>＊特殊幼儿的需求。 |
| 起床、饮水 | 主班：<br>1. 提醒幼儿安静起床，自己有序穿衣裤，整理仪容仪表。<br>2. 鼓励幼儿自主饮水（喝适量水）。<br>重点关注：<br>＊幼儿饮水情况。 | 1. 做好餐桌消毒工作，准备幼儿的点心。<br>2. 引导幼儿按顺序穿衣裤（特别是冬季，先穿上衣，后穿裤子），避免着凉。<br>3. 提醒睡上铺幼儿坐床上穿衣服，不做危险动作。<br>4. 鼓励幼儿自己整理床铺。<br>重点关注：<br>＊能力较弱幼儿的穿脱衣物情况。 |

续表

| 一日活动环节 | 实施要点 | |
|---|---|---|
| | 教　师 | 保育员 |
| 点心、水果 | **主班：**<br>1. 引导幼儿点心前有序、正确地洗手、擦手。<br>2. 鼓励幼儿吃完属于自己的那份点心和水果。<br>3. 提醒先吃完的幼儿进行区域游戏的计划。<br>重点关注：<br>＊幼儿吃点心和水果的情况。 | 1. 清洗点心杯，做好盥洗室洗手池台面、地面清洁工作。<br>2. 处理洒在地上、桌上的点心。<br>3. 提醒幼儿漱口、擦嘴。<br>重点关注：<br>＊幼儿洗手、漱口、擦嘴情况。 |
| 室内区域游戏 | **主班：**<br>1. 提前准备和投放适宜的活动材料。<br>2. 围绕目标提供适宜的活动材料，并根据幼儿的活动情况及时调整和更换。<br>3. 鼓励幼儿自主选择区域游戏内容，并及时引导。<br>4. 重点观察了解幼儿活动情况，及时进行有针对性的指导与记录。<br>5. 用眼神、笑容、身体动作表达对幼儿的支持，让幼儿在游戏中有安全感和信任感。<br>6. 关注幼儿的行为，及时制止不安全的行动（推搡、奔跑、争抢玩具等）。<br>7. 活动后组织幼儿游戏回顾，帮助幼儿提升与梳理经验。<br>重点关注：<br>＊幼儿与材料、人际（教师、同伴）互动情况。<br>**配班：**<br>1. 协助引导幼儿自主参与区域游戏活动，关注个别幼儿参与游戏活动情况。<br>2. 鼓励幼儿根据自己的游戏计划选择区域内容。 | 1. 协助教师做好游戏前的准备工作（场景布置、材料摆放等）。<br>2. 协助教师在定点区域观察幼儿游戏情况，关注幼儿的安全。<br>3. 引导幼儿有序取放和整理活动材料。<br>重点关注：<br>＊幼儿游戏材料的使用和整理情况。 |

| 一日活动环节 | 实施要点 | |
|---|---|---|
| | 教　师 | 保育员 |
| | 3. 协助主班教师对幼儿入区与活动情况进行观察记录，并对幼儿选择的区域活动空间进行个别调整，对遇到困难的幼儿给予及时的引导与帮助。<br>4. 引导幼儿有序取放和整理活动材料。<br>重点关注：<br>＊部分区域幼儿活动情况及个别指导。<br>＊个别幼儿情绪，并及时疏导。 | |
| 体育游戏区域运动 | 主班：<br>1. 合理安排体育活动内容，提供适宜、能满足幼儿动作发展需要的活动材料。<br>2. 有序组织、指导幼儿参与体育游戏和器械运动，活动内容与强度适宜。<br>3. 鼓励幼儿积极参与运动，并培养幼儿勇于尝试、挑战自己的意志品质。<br>4. 增强幼儿自我保护意识，提升自我保护能力，引导幼儿学会控制自己的活动量，知道不适时主动告诉老师。<br>重点关注：<br>＊幼儿参与运动情况及运动中的安全。 | 1. 做好活动前安全检查、器械准备，并备齐汗巾、纸巾、收纳篮等。<br>2. 运动中观察幼儿的活动量，提醒幼儿擦汗、增减衣物，并引导幼儿将脱下的衣服放到收纳篮。<br>3. 特别关注体弱幼儿，及时为出汗的幼儿背后垫上汗巾。<br>4. 协助老师做好运动中对幼儿的保护。<br>5. 做好活动后运动器械的摆放和整理工作。<br>重点关注：<br>＊特殊体质幼儿的运动情况。 |
| 离园 | 主班：<br>1. 测量并记录幼儿体温。<br>2. 提醒幼儿整理衣物，带好自己的物品。<br>3. 按时带领幼儿进入离园等待区。<br>4. 提醒幼儿离园的安全，与老师道别后离开，不在园内逗留。 | 1. 协助幼儿整理衣物。<br>2. 检查寝室物品柜，提醒个别幼儿不要遗漏自己的物品。<br>3. 向个别家长简要反馈幼儿生活情况。<br>4. 整理、清洁活动室，关好门 |

续表

| 一日活动环节 | 实施要点 ||
|---|---|---|
| | 教　师 | 保育员 |
| | 5. 根据需求与家长进行简短沟通。<br>6. 将个别留园幼儿送交值班人员，并做好交接班记录。<br>**重点关注：**<br>＊离园时交接的安全情况。<br>**配班：**<br>1. 协助幼儿整理衣物，并带好自己的物品。<br>2. 协助幼儿离园，关注接送情况。<br>**重点关注：**<br>＊离园时交接的安全情况。 | 窗、水电。<br>**重点关注：**<br>＊个别幼儿离园交接情况。 |

# 幼儿一日活动作息安排

## 小　班

### 上　午

8:00—9:00　　　晨间接待、盥洗、早点／户外运动（二选一）

9:00—10:50　　 早操、户外自主游戏/盥洗、早点、室内区域游戏（二选一）

10:50—12:10　　午餐、散步

12:10—14:40　　午睡

### 下　午

14:40—15:25　　起床、饮水、盥洗、午点

15:25—15:50　　集体教学活动

15:50—16:30　　户外运动（体育游戏、分组活动）

16:30—16:50　　离园准备、离园

## 中 班

### 上 午

| | |
|---|---|
| 8:00—9:20 | 晨间接待、室内区域游戏、盥洗、早点 |
| 9:20—10:20 | 户外自主游戏 |
| 10:20—11:00 | 游戏回顾 |
| 11:00—12:10 | 午餐、散步 |
| 12:10—14:40 | 午睡 |

### 下 午

| | |
|---|---|
| 14:40—15:25 | 起床、饮水、盥洗、午点 |
| 15:25—16:00 | 集体教学活动/功能室活动 |
| 16:00—16:45 | 户外运动（体育游戏、分组活动） |
| 16:45—17:00 | 离园准备、离园 |

## 大 班

### 上 午

| | |
|---|---|
| 8:00—8:15 | 晨间接待 |
| 8:15—8:45 | 集体教学活动 |
| 8:45—9:00 | 盥洗、早点 |
| 9:00—11:10 | 早操、室内区域游戏/户外自主游戏/功能室活动（三选一） |
| 11:10—12:10 | 午餐、散步 |
| 12:10—14:40 | 午睡 |

### 下 午

| | |
|---|---|
| 14:40—15:20 | 起床、饮水、盥洗、午点 |
| 15:20—16:20 | 室内区域游戏/户外自主游戏/功能室活动（三选一） |
| 16:20—17:00 | 户外运动（体育游戏、分组活动） |
| 17:00—17:10 | 离园准备、离园 |

备注：

1. 以上幼儿一日活动作息安排为夏令时，冬令时上午环节时间不变，下

午各环节时间均提早 10—15 分钟;

2. 周一上午园部统一组织主题升旗活动,各年段作息据此做适当调整;

3. 周五下午提早半小时离园,各年段作息据此做适当调整;

4. 倡导课程弹性化,允许并鼓励班级教师根据幼儿发展需求,在保证基本的前提下灵活调整作息安排,形成班本化课程。

## (二)教研类

# 教师专业培训制度

### 一、实施原则

1. 园内外教研活动均纳入考勤,不缺席、迟到,有特殊情况者需向科研主任请假。

2. 每月组织 3 次以上业务学习,融教、学、研为一体,以讲座、参与式研讨、开放活动、经验分享等多种形式进行园本培训,促进教师教学水平及教科研能力的提高。

3. 组织教职工参加多层次的继续教育,每学年有针对性地选派若干名教师参加理论及实践的培训学习,以 PPT 汇报、公开观摩等方式传达学习心得、收获,并实施于日常教育教学、教研工作中,促进教师理论学识与实践能力的不断提高。

4. 园内定期开展教学观摩研讨活动,采用观摩展示、研讨、教学基本功考核等多种形式开展全园教师岗位练兵活动,促进教师专业成长。

5. 根据不同层次教师(新手型、成熟型、骨干型教师等)的成长需求以及工作中存在的困惑,以"新师成长学习日""课题沙龙""成果分享会"等有效互动的形式,满足不同层次教师的专业成长需求。

6. 建立结对互助模式,将有经验的骨干型、成熟型教师与新手型教师结对,不断提升科学的教育理念、优化青年教师的教育行为,保证日常保教工作顺利开展。

## 二、听课评课制度

1. 积极参加园内组织的听课评课研讨活动，每学期保证十个活动的听课量。
2. 根据通知的听课时间，在没班的情况下准时参加活动观摩。
3. 观摩时需做好听课记录，并将手机调成振动状态。
4. 观摩活动结束后需参加集体研讨，并积极发言。
5. 学期结束时，按时上交十篇听课记录，要求能体现分析与建议。

## 三、一课三研制度

1. 为提升新手教师的教育活动设计与组织实施能力，每学期开展"一课三研"活动。
2. 根据园部选定的领域，新手教师设计活动计划，并与指导教师进行互动、研讨，提前1—2周进行预教活动。
3. 活动组织结束后，应及时梳理活动方案、活动反思、课件教具等，形成电子文档，于当周内及时上交教研部存档。

## 四、新手教师培养制度

1. 教龄为6年以下、园龄为3年以下的教师为新手教师。
2. 每学年与园骨干教师"手拉手"，主动争取指导老师的帮助，虚心学习，有疑必问，逐步内化、调整自身的教育行为。
3. 认真组织实施一日活动，努力创设与教育相适应的环境，积极配合班主任或担任班主任开展班级工作，加强与家长的沟通和联系，共同配合，有效地教育幼儿。
4. 积极参加每月两次"新师成长学习日"，在自我反思、同伴反思及专业引领反思的教研氛围中，提升专业理解与能力。
5. 每学期通过"一课三研"的活动形式，体现对领域活动的创新思考，加深对领域核心经验的把握与实践。
6. 每学期认真阅读园部推荐的理论书籍，撰写两篇读书心得。
7. 学习观察、记录、解读幼儿行为，每学期撰写两篇学习故事或教育故事。

8. 每学年初制定专业成长规划，学期结束时做好一份专业成长的专题总结。

9. 每年根据新手教师专业成长情况，评选"优秀学员"，进行公开表彰。

### 五、成熟教师培养制度

1. 教龄 6 年以上、园龄 3 年以上为成熟教师。

2. 鼓励向园内骨干教师主动求问，或借助学校教育专家资源、外出学习培训机会，努力提高自身的专业水平，在师德修养、班级管理、课堂教学、教育科研等方面起到一定示范作用。

3. 提供园内外成长平台和锻炼机会，每学年开展 1 次以上园级及园级以上优质观摩活动，逐步在专业领域形成自己的风格。

4. 培养科研能力，每学年制定微课题研究计划，学年末进行研究小结，并以 PPT 汇报、现场展示等方式汇报研究阶段成果。

5. 争取成为园部省级课题的核心成员或主要研究成员，梳理有价值的研究经验成果，每学年撰写一篇论文或有价值的研究案例，在园级以上发表（汇编或获奖）。

6. 根据教学及研究需要提供必要的设备、资料。依据个人专业领域，有针对性地参加各级培训或资历晋级学习。表现优秀者，推荐成为市级骨干教师、学科带头人培养对象。

### 六、骨干教师培养制度

1. 园级骨干教师由成熟教师中产生，爱岗敬业，在日常保教、教科研工作中起示范、带头作用。

2. 以双向选择为前提，定人定向，定职定责实施"拜师计划"。（指导老师从本园、外聘专家中产生）

3. 依据每位教师的研究领域，有针对性地外派学习，搭建展示平台，创造各种机会发挥骨干教师的作用，如向各级刊物、研讨会推荐论文，推荐对外指导、开讲座等。

4. 能够在吸纳最新研究成果的基础上开展日常教育教学工作，每学年在校级以上范围至少开放 1—2 次观摩活动、半日开放活动或开展讲座。

5. 积极承担教师培训、园本研修、送教下乡等任务，发挥传帮带作用。

每学年重点指导 1 位教师或参与园级以上各种研讨互动活动不少于 2 次；至少承担 1—2 次对外培训活动（含联办园指导）或主持园内的教研活动。

6. 积极参与幼儿园课程改革与课题研究，两年内撰写 2 篇具有一定水平的研究案例或论文在园级以上发表、获奖。

7. 成为终身学习的先行者和示范者，参与园部规定和与自身课题研究有关的继续教育，每学年达 100 学时。

8. 优先参加学习进修与学术交流等活动，推荐成为省级骨干教师、学科带头人培养对象。

### 七、有关教师外出学习情况反馈的规定

1. 园部外派省内、外学习的教师，于一周之内上交《外出学习反馈表》（电子档发送科研部）。

2. 填写外出学习反馈表的范围包括参加省内、外专题研讨会、观摩学习、跟岗培训等。

3. 科研部收到反馈表后，结合园部教研内容的分享需要，将提前一周预约业务学习分享。

4. 一周内上传相关的照片、视频、录音、文案等至园部资源库或 QQ 共享文件，以供大家学习、借鉴。此项工作由科研部与信息部共同监督。

# 教研文档资料制度

### 一、电子文档资料

1. 课题研究计划：园部确立研究子课题后，以课题组为单位制定课题研究计划，在学期初上传。

2. 课题阶段研究重点：两个月为一个阶段制定阶段研究重点，课题组长在月初第一周上传。

3. 课题研究小结：课题组长于每学期期末进行小结、上传。小结包含课题阶段完成情况及下一阶段研究设想。

4. 课题研究总结：子课题结题时，课题组组长撰写课题总结。

5. 研究案例：每学期每位教师不少于 1 篇，围绕开展研究的课题或自身研究专长进行撰写。

6. 论文：每年每位教师至少撰写 1 篇论文、经验总结，于新学期初上交。

7. 讲座稿及 PPT：在园级以上开展讲座的文稿及 PPT，于学期末建档、登记。

8. 上网信息：以课题组为单位每学期撰写 1 篇以上上网信息。

9. 专业成长规划：新手教师每学年制定一次，学年初制定规划，学年结束时针对完成情况进行自评及园评。

10. 新师成长档案资料：读书笔记 2 篇以上、教育随笔或学习故事 2 篇以上、一课三研活动计划与反思、学年个人成长小结一份，于期末建档、上传。

11. 每学期教师参照"教师专业成长个人成长档案清单"建立、更新个人专业成长档案。

### 二、书面文档资料

日常书面文档资料：课题组教研活动记录表；青年教师日常指导记录表；10 节园内外听课记录；指导教师记录表、发表论文、案例的复印件及获奖证书复印件；园级以上开设讲座证明；教师继续教育登记表、外出学习的相关文件、证明等。

# 课题研究制度

一、根据《纲要》《指南》精神，结合国家、省教育科学规划课题、中国学前教育研究会、省教育厅规划课题及幼儿园教育教学实际，有目的、有计划地开展教科研活动。

二、园部课题在开题时，根据上级科研部门要求面向全园举行开题论证会，邀请有关专家现场指导、审议；并在中期开展汇报、交流研究经验；结题时及时梳理，向全园推广研究成果。

三、成熟、骨干教师应做到"人人有课题"，每学年初结合自身研究特长、兴趣以及园部课题向园部申报微课题研究，学期初拟订教科研计划，并在实施过程中随机调整；中期汇报课题进展情况，学期末总结教科研工作情况，为下一阶段开展教科研工作提供依据。

　　四、课题应在规定年限完成研究，做好各项教科研活动的记录工作，予以归类、整理、归档，递交研究报告或成果，并在园内作汇报交流。

　　五、课题组会议不得无故缺席，确有特殊情况者需向教研主任请假。事后主动向课题组负责人了解活动内容及工作要求。

　　六、教师要及时总结教科研经验，定期汇编幼儿园课改成果，向有关教育刊物、幼教研究会等学术团体推荐具有一定理论与实践价值的教科研成果，按成果汇编或获奖等级给予奖励。

　　七、根据课题研究需要，邀请专家或园领导担任理论及实践导师，对课题研究进行开题及阶段指导，使课题研究更加深入、科学化。

# 教科研成果奖励制度

　　为规范幼儿园教科研成果的奖励标准，根据上级有关文件规定，经园务会讨论，结合幼儿园教科研工作、师资培训实际，制定如下标准。

## 一、论文

　　1. 在各级刊物发表

| 字数<br>奖金<br>等级 | 2000—4000 字<br>（4000 字以上每增加<br>1000 字加_____元） | 2000 字以内 |
| --- | --- | --- |
| A：国家级刊物、核心刊物 | | |
| B：一般 CN 刊物 | | |
| C：增刊、内刊 | | |

备注：

国家级刊物、核心刊物：《学前教育研究》《幼儿教育》《早期教育》等。

一般 CN 刊物：《福建教育》等。

内刊：《教育探究》等。

　　2. 获各类奖

| 奖项 奖金 等级 | 一等奖 | 二等奖 | 三等奖 | 其他奖 |
|---|---|---|---|---|
| A：国家一级研究会 | | | | |
| B：国家二级研究会省级学会 | | | | |
| C：市级（省直） | | | | |
| D：校（区级） | | | | |

3. 进入各级汇编

| 字数 奖金 等级 | 2000—4000 字（4000 字以上每增加 1000 字加____元） | 2000 字以内（按每 100 字/____元计算） |
|---|---|---|
| A：国家一级研究会 | | |
| B：国家二级研究会省级学会 | | |

## 二、案例、课件、教玩具等

1. 在各级刊物发表

| 字数 奖金 等级 | 2000—4000 字（4000 字以上每增加 1000 字加____元） | 2000 字以内 |
|---|---|---|
| A：国家级刊物、核心刊物 | | |
| B：一般 CN 刊物 | | |
| C：增刊、内刊 | | |

2. 获各类奖

| 奖项 奖金 等级 | 一等奖 | 二等奖 | 三等奖 |
|---|---|---|---|
| A：国家一级研究会 | | | |

续表

| 等级＼奖金＼奖项 | 一等奖 | 二等奖 | 三等奖 |
|---|---|---|---|
| B：国家二级研究会省级学会 | | | |
| C：市级（省直） | | | |
| D：校（区级） | | | |

3. 进入各级汇编

| 等级＼奖金＼字数 | 2000—4000 字<br>（4000 字以上每增加 1000 字加____元） | 2000 字以内<br>（按每 100 字/____元计算） |
|---|---|---|
| A：国家一级研究会 | | |
| B：国家二级研究会省级学会 | | |

## 三、业务技能比赛

| 等级＼奖金＼奖项 | 一等奖 | 二等奖 | 三等奖 |
|---|---|---|---|
| A：国家级 | | | |
| B：省级 | | | |
| C：市级（省直） | | | |
| D：校（区级） | | | |
| E：园级 | | | |

备注：

综合性比赛按奖项级别酌情增加。

## 四、公开观摩活动

| 等级 | 奖　金 |
|---|---|
| A：国家级 | |

续表

| 等　级 | 奖　金 |
|---|---|
| B：省级 | |
| C：市级（省直） | |
| D：校（区级） | |

## 五、书籍

每一万字＿＿＿＿＿＿元。

## 六、画册

每码＿＿＿＿＿＿元。

## 七、上网信息

撰写每篇＿＿＿＿＿＿元、审稿每篇＿＿＿＿＿＿元。

## 八、园内讲座

| 职称 | 时长 | 面向家长 | 面向教师 |
|---|---|---|---|
| 中级 | | | |
| | | | |
| 高级 | | | |
| | | | |

## 九、教科研资料及设备（根据课题需要适当投入）

## 十、课题研究奖励

省级以上课题奖励：根据课题研究时间、课题组成员工作量及成效等，在课题结题后，给予课题组成员一定的奖励。

# 聘请专家指导津贴管理制度

1. 指导开题报告（次）

| 职称 | 中级 | 副高级 | 高级 | 知名专家 |
|---|---|---|---|---|
| 校外专家 | | | | |
| 校内专家 | | | | |

2. 现场指导课题研究（半天）

| 职称 | 中级 | 副高级 | 高级 | 知名专家 |
|---|---|---|---|---|
| 校外专家 | | | | |
| 校内专家 | | | | |

3. 修订研究成果（根据工作量酌情）（项）

| 职称 | 中级 | 副高级 | 高级 | 知名专家 |
|---|---|---|---|---|
| 校外专家 | | | | |
| 校内专家 | | | | |

4. 开设讲座（半天计4个小时）

| 职称 | 中级 | 副高级 | 高级 | 知名专家 |
|---|---|---|---|---|
| 校外专家 | 60分钟： | 60分钟： | 60分钟： | 60分钟： |
| 校外专家 | 半天： | 半天： | 半天： | 半天： |
| 校内专家 | 60分钟： | 60分钟： | 60分钟： | |
| 校内专家 | 半天： | 半天： | 半天： | |

5. 指导专业技能大赛（次）

| 职称 | 中级 | 副高级 | 高级 | 知名专家 |
|---|---|---|---|---|
| 校外专家 | | | | |
| 校内专家 | | | | |

6. 指导幼儿园课程（半天）

| 职称 | 中级 | 副高级 | 高级 | 知名专家 |
|---|---|---|---|---|
| 校外专家 | | | | |
| 校内专家 | | | | |

# 师徒结对协议书

为加快新手教师的成长，按照园部教师专业成长规划，本学年开展"手拉手"结对活动。为使结对双方进一步明确职责，增强责任感，现签订如下协议：

## 一、甲方（指导教师）承担的责任与义务

1. 帮助新手教师提高思想认识，端正工作态度，主动与新手教师谈心，了解其思想动态，及时给予指导或疏导。

2. 指导新手教师分析班级现状和幼儿情况，科学合理安排、组织一日活动，逐步引导新手教师参与或独立承担班级管理及家长工作。

3. 每学年初指导新手教师制定或调整个人专业成长规划；每月批阅一篇半日活动计划；每学期随堂观察新手教师组织半日活动情况两次及以上（一般安排在期初和期末，也可根据需要灵活安排），活动后及时评析，共同研究改进措施，并做好相应指导记录。

4. 鼓励支持新手教师参加幼儿园组织的各项业务研讨、交流、竞赛活动，每学期指导新手教师开展"一课三研"活动，并做好过程性记录。

5. 指导新手教师学习观察、记录、解读幼儿行为。

6. 每学年指导新手教师写好一份关于专业成长的专题总结。

## 二、乙方（新手教师）承担的责任与义务

1. 认真贯彻师德规范，自觉执行师德标准。主动争取指导老师的帮助，虚心学习，有疑必问，逐步内化、调整自身的教育行为。

2. 认真组织实施一日活动，努力创设与教育相适应的环境，积极配合班主任或担任班主任开展班级工作，加强与家长的沟通与联系，共同配合，有效

地教育幼儿。

3. 积极参加每月两次的"新师成长学习日",做好笔记,大胆发言。

4. 每学期通过"一课三研"活动形式,开展开课、听课、评课等研讨活动。每学期听课不少于十次,每学期开课两次及以上。

5. 每学期认真阅读园部推荐的理论书籍,做好读书笔记并完成两篇读书心得,积极参加备课活动、新师专业成长学习日、岗位练兵活动以及各种专题教科研活动。

6. 学习观察、记录、解读幼儿行为,每学期撰写两篇幼儿故事。

7. 每学年初制定专业成长规划,学期结束时做好一份专业成长的专题总结。

说明:

1. 本协议内容将列入教师个人年度考核及教师专业成长档案。
2. 本协议自签订之日起生效,协议期限为一年。
3. 协议书一式三份,甲、乙各执一份,另一份园部存档。

甲方(指导老师)签字:          乙方(青年老师)签字:

## (三)家教类

# 家园联系制度

一、新生入园前后,与家长取得联系,通过家访、访谈等方式,了解幼儿身体健康状况及个性特点。

二、建立班级家园联系栏,及时进行科学育儿指导、交流家教经验,定期更换家园联系栏内容。

三、成立家长学校,每学年向家长开设1—2场教育讲座,开展1—2次家教沙龙,出1期幼儿园简报。

四、充分开发利用家庭教育资源,鼓励、邀请部分热心家长来园担任家长助教,积极参与园内教育教学活动。

五、根据幼儿发展检核表，指导家长收集幼儿在家学习与发展的情况，共同建立幼儿发展档案。

六、因病缺席的幼儿，要及时与家长取得联系，了解幼儿健康状况，对病假住院三天以上的幼儿应及时问候，有必要时进行探望。

七、幼儿在园期间发生异常状况，要及时通知家长，并配合做好处理工作。

八、年段根据教育教学实际情况，每学年组织1—2次特色亲子活动，做好开放日准备活动，形成方案，及时收集整理相关资料。

九、每学年举行班级家长会2—3次，让家长了解班级管理、课程组织、幼儿学习发展情况等，了解家长有关需求，促进家园的进一步沟通与协作。

十、每学期以年段为单位向家长开放半日活动一次。制定开放日活动计划及观察记录反馈表，及时收集家长对开放活动的意见与建议。对个别有特殊需要的家长，可不定期开放，以便共同配合教育。

十一、日常通过交谈、电话、便签、家园联系栏、网络等多种形式做好家园联系工作。

十二、家访工作。

1. 每学年开学前，对新生逐户走访，了解其家庭教育环境、幼儿个性特点、身体状况、有无特殊需要等，做好记录分析。

2. 每学年家访一次，了解幼儿家庭环境影响因素、在家表现，及时与家长联系、沟通，有针对性地做好个别教育。

3. 家访前接受园部组织的专题培训，围绕家访内容、形式、注意事项、进度安排等进行全面、详细的部署。

4. 家访时严格遵守师德规范，注重教师良好形象，不收受家长任何形式的礼物馈赠等。

# 家委会工作制度

一、家长委员会

（一）幼儿园家委会

1. 各班推荐 2 名热心班级事务的家长作为家长代表，成为幼儿园家长委员会成员。

2. 每学年召开 1 次家委会，与幼儿园、班级共同商议重要工作事宜，参与幼儿园及班级管理。

3. 发挥家园间的桥梁作用，积极向家长们宣传幼儿园办园思想、目标、课程理念、办园成效等。

4. 鼓励家长代表主动对幼儿园的保教工作、后勤工作等提出宝贵意见与建议。

(二) 班级家委会

1. 建立班级家委会，通过自荐与推荐方式选出 3－4 名家长担任家委会委员。

2. 期初召开家委会，组织家长参与班级工作计划的制定，期末家长委员会向家长汇报幼儿园教育工作情况。

3. 根据实际需要，每学年可增补新的家委会委员。

附：

## 家委会工作章程

### 第一章 总则

第一条 为了加强幼儿园、家庭与社会的相互联系、相互沟通、相互了解，共同完成幼儿园的各项保教任务，促进幼儿德、智、体、美、劳全面发展的目标，根据《幼儿园工作规程》第五十四条规定："幼儿园应成立家长委员会。家长委员会的任务是对幼儿园重大决策和事关幼儿切身利益的事项提出意见和建议；发挥家长的专业和资源优势，支持幼儿园保育教育工作；帮助家长了解幼儿园工作计划和要求，协助幼儿园开展家庭教育指导和交流。家长委员会在幼儿园园长指导下工作。"结合幼儿园"尊重、开放、多元、互动"的办园理念成立家长委员会，它是幼儿园的常设工作机构，是家长和幼儿园之间的纽带，发挥着沟通与联系的桥梁作用。

第二条 家长委员会的宗旨是宣传国家有关学前教育的政策法规，密切幼儿园与家庭的联系，充分发挥家长对幼儿园保育教育的参谋、监督作用，积极参与、主动配合幼儿园开展各项工作，把幼儿园教育与家庭教育有机结合起来，为孩子的健康成长创设良好的育人环境，全面提高幼儿园的保教质量，为培养乐运动挑战、敢表达表现、愿合作交往、善观察探究、会审美创造的幸福儿童而共同努力。

## 第二章 任务

第三条 根据《幼儿园工作规程》第五十条规定：家委会的主要任务是帮助家长了解幼儿园的工作计划和要求，协调幼儿园的工作；及时反映家长对幼儿园工作的意见和建议；协助幼儿园组织家庭教育的经验。家委会应做好幼儿园与家庭的沟通，密切保持幼儿园、社会与家庭的联系，扩大幼儿园的教育网络。

第四条 向家长转达幼儿园对家庭教育的建议和要求，号召家长与幼儿园密切配合，促进家长创设有利于幼儿游戏、学习与成长的家庭环境，通过有质量的陪伴共同培养孩子，提高保育教育效果。

第五条 家委会结合实际情况，协同其他家长，协助解决幼儿园、年段、班级、个别家庭在保育教育中出现的具体问题。支持幼儿园改善办园条件。

## 第三章 组织

第六条 凡热心于公益服务、为人正直、符合幼儿园家长委员会委员基本条件的在园幼儿家长，均可通过自荐与推荐的方式提出申请。经班主任推荐及幼儿园行政研究，在征求个人意见获得许可后，加入家委会，幼儿园颁发聘书。

家长委员会委员的基本条件：

1. 必须是本班幼儿的父母（也可以是对幼儿承担主要教育责任的直系祖辈），且热心教育、乐于为其他家长服务的家长。

2. 懂得教育规律，支持幼儿工作，有一定的工作能力以及一定的表达能力。

3. 有责任心，能够模范开展家庭教育，认真履行章程赋予的责任与义务。

第七条 家长委员会委员每班1人，家长委员会常委每个年段2个。常委会设主任1人，副主任1人。

第八条 家长委员会委员同时兼任幼儿园行风监督员、家长义工。

第九条 家长委员会委员任期一年，也可连任，至该家长子女毕业时终止。

第十条　家长委员会的常规工作由教学副园长、保教主任、年段长具体组织协调。家长委员会由幼儿园提议召集，家长委员会常委会主任主持，园方派领导参与，共商幼儿教育良策，共谋幼儿园发展办法，共排影响幼儿健康成长障碍。

## 第四章　权利与义务

第十一条　家长委员会委员享有以下权利：

1. 参与幼儿园的有关工作，如参与讨论幼儿园发展规划、幼儿园学年工作计划，提出合理化建议。

2. 通过参与家长进课堂、家长开放日等活动，了解幼儿园保教工作、安全设施、幼儿饮食等工作，提出建设性的建议和意见。

3. 参与组织幼儿园的重大活动，如亲子运动会、新年活动、"六一"活动毕业典礼以及一些社会实践活动。

4. 如遇特殊情况，经幼儿园行政会议决定家长委员会委员的解聘或新聘。

第十二条　家长委员会的义务：

1. 通过参与幼儿园重大活动或组织听课等方式，关心、了解幼儿园保教工作，对幼儿园的办园方向、教育质量、教师工作、行政管理等方面提出建设性意见，作出适当的评价。

2. 公开通讯联系方式，广泛听取并主动搜集其他家长的意见与建议，及时向幼儿园反馈，为改进工作提供帮助。

3. 积极挖掘社会资源，力所能及地协助解决办园中的问题，向有关部门反映情况，争取得到支持。为幼儿参加社会实践活动、开辟社区教育基地、改善办园条件等工作提供支持与帮助。

## 第五章　附则

第十三条　为密切家长与幼儿园的联系，更好地发挥家长委员会的桥梁作用，特设立"家长委员会信箱"，设置在幼儿园传达室。

第十四条　本章程由家长委员会通过，报幼儿园发展部备案。

第十五条　本章程自通过之日起实施。

# 家长义工制度

## 一、家长义工职责

在教育多元化的今天,家长的不同职业背景、先进教育思想和成功育儿经验都是促进幼儿全面发展的有利补充。为更好促进幼儿园与家庭、社会的密切配合,为幼儿成长提供良好的学习、生活环境,也为满足广大家长朋友关心幼儿教育、参与幼儿园管理、热心公益事业的美好愿望,我园倡议从本学期开始实施家长义工活动,希望在家园共育的过程中,充分发挥家长资源的有效性,更好地为课程的实施,为幼儿的品质生活给予助力。

## 二、家长义工的指导要求

1. 在活动前进行培训,明确自己的任务与职责。
2. 积极参与活动,关注幼儿活动情况,并适时进行引导。
3. 确保幼儿活动安全,在活动中渗透安全教育。
4. 在活动中不包办代替,遇到问题一起想办法解决。
5. 不局限在只关注自己的孩子,要面向更多的幼儿。
6. 不随意对外发布幼儿的活动照片,保护隐私。

## 三、家长义工对象

幼儿的直系亲属。

## 四、家长义工项目、人数及时间

1. 组织班级活动:家长走进课堂,担任幼儿的助教老师,根据自己职业特长和兴趣爱好组织开展丰富多彩的活动,和幼儿一同游戏、学习,讲述熟悉的专业知识,分享成长的精彩故事。

人数:一次1—2人。

时间:各班根据本班活动开展情况邀请家长来园。

2. 室外活动看护:根据活动的需要,协助老师组织幼儿自主游戏、户外运动、外出参观、集体出游等活动，确保孩子活动、出行安全。

（1）自主游戏

人数：一次4—8人

时间：每周一上午9:10—10:40

（2）户外运动

人数：一次4—8人

时间：周二至周五上午8：30—9：30

（3）外出参观、游玩

人数：每个班级3人

时间：根据活动组织情况安排

3. 离园安保：离园时段协助后勤值班老师做好清园工作，劝导幼儿及时离园。

＊人数：每日2人

＊时间：傍晚16:30—17:15（周五16:00—16:30）

4. 植物种植料理：参加菜园护理、班级自然角种植料理。

＊人数：每个班级1人

＊时间：随机

5. 大型及其他活动助手：协助园部及教师组织各类亲子、园际活动，如清洁美化环境，会场布置、搬运道具、摄影摄像、维持秩序、安全保障等。

＊人数：每个班级4人

＊时间：根据活动开展时间具体安排

### 五、家长义工要求

1. 对幼儿园工作热心，关心幼儿教育，富有奉献精神，身体健康。

2. 按时参加义工活动，遵守幼儿园规章制度及各项活动的规则。

3. 接受幼儿园的指导，乐意与他人合作完成义工工作任务。

4. 言行文明，不带无关人员入园。

5. 工作时穿义工服，当天活动结束后统一收回。

6. 一个家庭一学年完成3—5个小时的义工任务，可分数次完成，不上限。

## 六、活动方式

凡符合条件的家长均可报名参加,每个家庭至少要有一位成员参与义工活动。

1. 到本班老师处领取一张"家长义工志愿卡"(一个家庭一张)。
2. 家长在活动后到本班老师处领一张家长义工爱心贴纸,贴在志愿卡上。
3. 对幼儿园工作有突出贡献的家长我园将在学期末颁发"优秀家长义工"证书。

附:

**家长义工参与项目表**

| 年龄段 \ 时间 \ 项目 | 园部项目 | 班级项目 |
|---|---|---|
| 小班 | 入园和离园时段安保、自主游戏、户外运动、外出活动等 | * 爸爸、妈妈陪我玩(集中活动、区域活动、班际活动、年际活动、节日活动等)<br>* 小菜园包干区<br>* 班级自然角等 |
| 中班 | | |
| 大班 | | |

备注:园部与班级根据活动需要向家长提前预约。

附:家长义工志愿卡

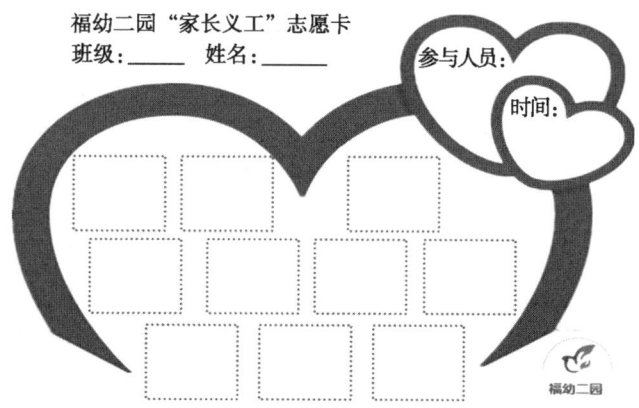

## 三、后勤保障管理制度

### （一）安全类

## 安全教育培训制度

一、幼儿园定期对全体教职工进行安全教育。

二、对特殊工种如电工、电梯维护人员需进行专门的培训，并取得上岗证方可上岗。

三、每年安全教育周、安全教育日、消防安全宣传日等专项活动时，对教职工、家长、幼儿进行安全教育。

四、通过宣传栏、观看视频、讲座等多种形式，定期进行安全宣传教育和消防自救知识教育，以提高全体教职工的消防安全意识。

五、义务消防队员每年参加专业训练不少于2次，熟练掌握消防业务知识和技术。

六、教师有计划地对幼儿进行安全教育，如主题活动、集中活动、外出活动、放长假前等。

## 事故责任追究制度

一、建立幼儿园安全工作目标责任制，实行谁主管谁负责，责任到人。层层签订责任状，落实责任制。园长与教职工签订安全责任状，明确责任，增强安全意识，加大安全工作落实力度。

二、园长为幼儿园安全工作第一责任人，对全园安全工作负直接领导责任，直接领导安全工作小组开展工作，检查落实各部门安全工作情况。

三、幼儿园副园长为分管工作的主管责任人，管理好分管范围内的安全工作，对所负责的工作负领导责任。

四、各部门主任为所管部门安全工作的主要负责人，采取各种措施管理好本部门安全工作，如因工作不扎实、措施不得力而造成事故的，直接追究部门主任责任。

五、各年段长为本年级的负责人，负责本年级的安全工作，做好上传下达、配合学校有关部门开展安全教育工作。如因工作失误，造成本年级安全事故，直接追究年段长责任。

六、班主任教师为本班幼儿安全工作第一责任人，要利用一日活动进行安全教育，认真组织好各项活动。如因班主任组织和管理不妥导致发生事故的，将追究第一责任人的责任。

七、副班主任教师为所任班级教学的责任人，绝不脱岗，带班期间发现有异常情况及时向班主任报告或向有关领导汇报。带班期间发生问题由带班教师负责。

八、全体教师必须加强师德师风建设，严禁对幼儿进行体罚和变相体罚，一旦发现由体罚和变相体罚引发的安全问题，幼儿园将追究其责任，并由本人负责导致出现安全问题的一切后果。

九、后勤部门要对幼儿园的设备、设施经常检查，发现隐患及时向幼儿园领导汇报，并立即解决，及时处理班主任和老师反映的设施、设备安全问题，如因未能及时解决设施、设备问题而造成事故的，直接追究后勤领导和有关人员的责任。

十、教师集体办公室的安全防范工作由年段长负总责，教师办公设备安全防范者为责任使用者。

十一、对排查、监督不力，不能及时发现安全隐患而酿成安全事故的，漏报、瞒报、隐瞒事故隐患的，发现安全事故后不积极采取防范措施、不积极整改的给予行政严肃处理。不积极整改安全事故隐患而导致严重安全事故发生的，将按有关法律法规从严追究法律责任。

十二、如若发生安全事故，必须及时上报，并及时采取措施妥善处理。对由于工作失职、渎职、不作为，造成幼儿伤害事故、幼儿园财产损失、败坏幼儿园形象的，本年度不得评优选先、晋级晋职，情节严重将追究刑事责任。

1. 事故报告内容包括：事故发生的时间、地点、伤亡情况、接报时间、简要经过、抢救措施、初步原因分析等，如详细情况尚未弄清，可先报告事故概况，待详细情况调查清楚后再续报。

2. 事故报告的时限：发生抢劫、纵火、爆炸、盗窃、绑架等重大刑事案件，应在第一时间内报告，最迟不得超过 1 小时；发生校舍倒塌、校园火灾、交通事故、自然灾害、食物中毒、传染病、师生意外伤害、网络安全及可能引发影响校园和社会稳定的事件等各种安全事故，应当在 1 小时内报告。

3. 幼儿园安全事故报告方式：发生重大刑事案件和涉及幼儿伤害的违法犯罪案件、交通事故以及火灾、食物中毒、急性传染病症状等情况，应第一时间向学校、教育局报告，并根据事故情况立即向公安、卫生、消防等有关部门报告。

# 安全隐患排查制度

一、建立实时检查、巡查、日排查等校园安全隐患排查制度，明确排查责任人、排查地点、要求等内容，将隐患排查治理常态化。

二、幼儿园安全隐患排查工作，由安全工作领导小组按有关规定安排专人排查。排查人员必须有高度的警惕性和强烈的责任感、使命感，按有关安全规章及幼儿园规定认真仔细、不留死角地完成隐患排查，并做好记录。

三、根据幼儿园实际情况，定点负责人和行政值班人员定期排查校园各部位：

1. 校舍及园区周边环境
2. 水电及消防器材
3. 食物、饮用水安全检查
4. 户外场所及体育器材
5. 教学及办公设施设备

四、排查工作采用日常巡查和专项抽查等方式进行，排查人员根据排查对象的特征确定排查时间。

五、排查人员在排查时要做好记录，及时整改和解决安全隐患，不能解决的问题应及时上报园领导，并提出处理方案，交由幼儿园讨论解决。

六、安全隐患部位及易发生危险的地方应用围合隔离，并设立安全警示标志，告知全体师幼，活动时绕开隐患区域。

七、如有重大安全隐患不能解决或整改有困难的，要及时向上级教育行政部门或当地政府报告。

# 消防安全管理制度

一、幼儿园安全工作领导小组成员负责幼儿园全面的消防工作制度的落实，检查和考核各部门消防措施的建立、消防器材的管理、消防安全教育培训等工作，强化全园师生消防安全意识，并负责对幼儿园消防安全工作的奖惩。

二、按规定配齐配足安全消防设施、器材，并确保疏散通道，安全出口畅通无阻。幼儿园安全领导小组应定期对幼儿园消防设施、消防器材、安全用电、安全防火等进行全面检查，发现消防安全隐患和存在的问题及时处理，确保无火灾事故发生。

三、园长与全体教职工签订安全责任状，层层抓落实，对出现重大火灾事故，责任人要进行严肃处理，严重者追究其法律责任，对相关责任人视情节轻重，给予绩效处罚或行政处分。

四、将防火常识和逃生自救知识纳入安全教育内容，做到经常化、制度化，园部每学期组织两次消防安全自救知识讲座，建立消防安全疏通预案，每学期进行一次以上逃生疏散演练。班级在每学期开学初及安全教育月、周、日等重要日子，开展安全教育活动。

五、保教部门负责指导班级老师定期做好安全教育宣传栏的内容更新与环境创设工作。

# 大型活动审批制度

一、大型活动指幼儿园的全体职工及幼儿、家长参加的演出、竞赛、会议、郊游、外出参观等活动。大型活动内容必须符合国家的法律、法规，符合幼儿园的规章制度。

二、幼儿园大型活动实行审批制度，开展活动应尽量控制规模，凡确需组织大型活动，应先拟订方案，按程序报批。

三、举办大型活动的申报程序

1. 申请举办大型活动必须在举办日的前一周向园领导递交书面申请，申请中应当说明大型活动的目的、方式、人数、起止时间、地点（包括集合地和解散地）、路线和负责人的姓名、职务和联系办法等，邀请园外人员参加的，必须注明邀请人员的基本情况。申报内容还应包括活动的安全工作预案、安全措施、医疗急救方案等。

2. 园部向上级主管部门提出申请，审批结果在举行活动日前三日回复，获得批准后幼儿园方可举行活动。

3. 下列活动视为已经批准，无需另行申请：

根据上级党委或行政决定而举行的大型活动；根据上级批准的工作计划而举办的大型活动；根据教学计划安排的大型活动、讲座、报告等。但每项活动都必须上报安全工作预案，经上级保卫处审批后方能举行。

4. 根据活动需要，可请社区民警协助落实安全防范措施，对活动场所治安秩序、消防安全、重点要害部位等实行实时监控，严密防范。

5. 活动前必须对参与活动的全体人员进行专门的安全教育，并做好会议记录。

6. 凡大型活动不申报或申报未获批准的，一律禁止举办。对于不申报或申报未获批准而擅自举办并造成严重后果或重大安全事故的，将依法追究举办部门及负责人的法律责任。

# 综治创安工作制度

一、将社会治安综合治理和创建平安文明单位工作纳入幼儿园党政领导工作之中，全年工作总体部署，每季度研究一次工作，并有具体内容和可行性措施，在人、财、物等方面给予保证。

二、实施一把手工程，建立健全党政一把手全面负责的综合治理工作责任制和目标管理责任制。做到党、政主要领导亲自抓，分管领导具体抓，其他领导配合抓，形成齐抓共管。

三、广泛深入地开展创建平安文明学校活动，做到有方案、有措施、有成效，重点要害部位物防、技防、人防达到规定要求，无治安灾害事故，校园内及周边治安秩序良好。

四、全力做好维护社会稳定工作，加强对教职工管理和教育工作，加强信息反馈，把各项矛盾解决在园内，消灭在萌芽状态，无矛盾激化，防止出现群体上访和闹事事件。

五、认真抓好师幼的法制教育，强化依法治校，依法育人，依法办事，把法制教育纳入各个教育环节之中。做好普法工作，教职工行为文明规范，讲究职业道德，有良好的精神风貌。

六、按学期及时向上级主管部门、驻街综治办汇报工作，并积极主动参加综治办组织的会议和活动。

## 安全值班制度

一、值班人员应准时到岗，坚守岗位，不得迟到、早退，保证通信畅通，并做好值班记录。

二、如有特殊情况未能到岗，需提前向保障部汇报，请求调整，不得无故缺岗。

三、全面巡视班级情况及校园安全情况，发现问题应及时向相关领导或部门负责人报告并采取措施，处理相关问题。

四、督促保安、门卫等做好相关的安全保卫工作。

五、熟悉校园消防、防盗、监控等设备，能熟练使用消防灭火器材。

六、安全使用电器等设施设备，用后及时关闭电源。

## 门卫管理制度

一、坚守岗位，不得擅离职守，做到随时关门、随时锁门，防止幼儿私自离开幼儿园。

二、保安及门卫应举止文明、态度亲切，热情为教职工及幼儿、家长服务。当班时间不与闲杂人员闲聊，不擅离职守，不抽烟、不喝酒，不干私活。

三、外来人员来访，门卫应问清事由，及时与有关人员联络，并做好来访登记，要求其佩戴"来访者"证方可进入校园，出园时需持被访者签名单方可离园。

四、家长除参加幼儿园安排的活动外，其余时间不得随意进出幼儿园，如有特殊情况，需征得幼儿园同意方可入园。

五、家长在非正常离园时间接回幼儿，须持有班级教师签字的假条方可离园。

六、非幼儿园一切机动车辆和非机动车辆，一律禁止进入校园。施工、修缮用车、校部公车需报园部批准、登记后方可入内。

七、在本园施工的人员，应严格执行登记制度后，佩戴"施工员"证进出幼儿园，离园需经检查合格后方可离开。

八、严格检查出园门的公物与大件物品，无许可证明的，不得带出园门。

九、园门口禁止小商小贩摆设摊点出售物品，如有发现及时劝离，不听劝阻的将情况上报园部，请辖区派出所出面处理。

十、发现安全隐患或发生意外情况，应及时向园领导报告。

# 安全监控管理制度

一、幼儿园安全负责监控室的管理工作，保安人员负责24小时观察监控情况。

二、严禁非监控人员进入监控室，除幼儿园规定使用监控人员外，不得向其他人员提供查看监控录像或调阅有关资料。

三、保安人员负责做好监控范围内的工作和当班的资料记录，发现异常情况必须及时汇报。

四、严格按规定操作步骤进行操作，密切注意监控设备运行状况，保证监控设备安全有序，不得无故中断监控，删除监控资料，否则将按《幼儿园考评细则》进行处罚。

五、监控用的计算机不得做与监控工作无关的事情。

六、维护和保养好监控设施，保持监控室内卫生清洁、干燥，有关物品摆放整齐。严禁携带易燃、易爆、有毒的物品进入监控室。

七、遵守有关保密规定，不得泄露监控录像资料，不得泄露幼儿园安全秘密。

八、发现网络使用异常及时向园领导报告。

# 消防安全应急预案

## 一、消防设备和系统

幼儿园根据消防设施要求，配齐 MFZ4 干粉灭火器，消防栓运行正常。园区内外安装红外线监控探头，实时监控园区动态。园门口安装一键报警系统，与辖区派出所对接。

## 二、紧急疏散及火场逃生自救预案

1. 如遇火灾，第一发现火警者应首先报火警 119，并立即报园长室、办公室，园长及时向有关上级汇报。
2. 指挥员应准确及时到达临时指挥中心，以便灭火队员及成员联系汇报，科学决策、有效处置，做到先保证人员安全（先幼儿后教师），后保障财产安全。
3. 全体教职工及幼儿必须在园长统一指挥下（园长如外出，由副组长全面指挥，余下类推由各成员负责统一指挥），按照安全出口及安全标记疏散、撤离。
4. 专职消防队员和各义务消防队员接到报警后 30 秒内到达各自岗位或直奔火灾现场，服从指挥，紧急救护，疏散幼儿。
5. 带班教师及保育员组织带领本班幼儿按消防指示标记规定的方向撤离。

## 三、紧急疏散，撤离的培训及火灾逃生演练

1. 组织相关人员对预案进行学习。
2. 定期对预案进行演练：对演练中所发现的问题进行记录，及时修改，及时总结预案，使之完善。

# 地震安全应急预案

## 一、地震应急疏散措施

1. 接受和迅速执行上级领导的各项指令，组织实施相应预案，发布各项抢险救灾命令、指示、通知等。

2. 明确职责，责任到人。一旦发生地震，防震疏散领导小组成员要在第一时间到达所负责的岗位，每层楼的楼梯口、疏散口、每个拐弯处都要有专人负责。

3. 发生灾情，应迅速组织人员展开救援行动，并及时收集上报灾情，保证幼儿安全，维护社会稳定。

4. 地震疏散集合场地为幼儿园大操场。

5. 做好地震知识的宣传，让师生掌握一些地震知识和自救逃生方法。

## 二、地震发生时的应急避震

当听到地震警报响后，全体师幼应立即开始疏散，应该做到：

1. 教师应保持镇定，稳定幼儿紧张情绪，切莫惊慌失措。尽快带幼儿到指定安全地带，疏散过程中应沉着冷静，有序撤离，防止踩踏事件发生。

2. 在室内来不及逃离的幼儿，老师应引导幼儿立即就近躲避，采用卧倒或蹲下的方式，使身体尽量缩小，躲到桌下或墙角，以保护身体避免被砸，但不要靠近窗口。

3. 教师教会幼儿就近躲避的姿势：在桌下躲避的幼儿，将一只胳膊弯起来保护眼睛不让碎玻璃击中，另一只手用力抓紧桌腿；在墙角躲避的幼儿，把双手交叉放在脖子后面保护自己，可以拿书包或其他保护物品遮住头部和颈部；卧倒或蹲下时，也可以采用以下姿势：脸朝下，头近墙，两只胳膊在额前相交，右手正握左臂，左手反握右臂，前额枕在臂上，闭上眼睛和嘴，用鼻子呼吸。

4. 正在走廊的师幼，应立即选择有利的安全地点，就近躲避，卧倒或蹲下，用双手保护头部，不要站在窗边。

5. 在一楼活动的师幼，应跑到空旷的操场上，避开建筑物和电线，把双手放在头上。

6. 正在二楼平台活动的师幼，强震时可不急于马上往下疏散，应就地在平台躲避，在老师指挥下卧倒或蹲下，并用双手保护头部，等强震过后立即组织幼儿疏散。

7. 在办公的教师听到发生地震的信号后，应立即停止手头工作，马上赶到自己班级幼儿的活动地点，协助带班教师组织幼儿集合和疏散。

8. 防震指挥人员要按预先的分工，迅速到每个地点检查避震和疏散情况，发现有采取不恰当措施的，要及时纠正。

# 防踩踏事件应急预案

一、教师要经常对幼儿进行文明礼仪教育，上下楼梯靠右行，不要拥挤，防止踩踏、挤压等不安全事故的发生，并及时纠正幼儿的错误行为。

二、发现楼梯挤踏和坠落事故的任何人员，应在第一时间向园领导报告。

三、园领导立即下达指令（可用广播等）：

1. 所有人员必须在原地站立不动，不准向前移动。如外走廊或楼梯扶栏已损坏，应当尽可能朝里站。

2. 指挥人群后面的人员先后退，走廊上的人员有秩序地向后移动，为楼梯上的人员让出空间，为营救创造条件。

3. 按楼层由低到高的顺序依次离开：一楼幼儿在教师的指导下直接到操场，二楼的幼儿排成二列纵队依次离开。

4. 每楼层安排一名教师维持秩序。

5. 楼道疏散下来的幼儿按指定线路到操场集合，但不能影响其他班级的通行路线。

四、园领导迅速拨打电话报警并向上级主管部门报告，请求援助。

五、救护人员应当全力抢救受伤人员，对危重伤员进行急救，并打120求援。

六、应急小组及时在事故现场设置警戒线，维持现场秩序，避免拥挤和混乱，并为救援人员提供通道。

七、事故现场的警戒线，须在救援工作完成、园舍事故隐患排除及事故调查结束后，方可解除。

# 防暴防恐应急预案

### 一、一般性事件

1. 值日老师应立即报告园领导，在园领导的指挥下尽快就地解决矛盾纠纷。

2. 不能尽快就地解决的上报上级主管部门及有关领导，紧急情况报110，并做好防护准备工作，防止矛盾激发，危及幼儿的人身安全。

### 二、持刀行凶突发事件

1. 歹徒持刀进入校园时，安全员应迅速判明歹徒行凶的意图和对象，迅速拨打110报警，并向园领导报告。

2. 园领导做好先期处置工作，立即组织教职员工，将在公共活动区的幼儿迅速集中到教室，紧闭门窗，用课桌、木柜顶住门窗，防止歹徒破门窗而入。

3. 若歹徒强行进入活动室，保安人员及教职员工应用木椅等工具对其进行打击，确保幼儿安全。其他安全人员及教职员工用椅子、木柄扫帚等物作为防护和打击工具，对歹徒进行威慑，尽量争取时间，等待公安人员到来。

### 三、绑架幼儿突发事件

1. 教职员工一旦发现幼儿被绑架时，应先判明歹徒绑架幼儿的时间、地点、人数、性别、年龄，逃跑方向和运输工具，立即拨打110报警，迅速向园领导报告。

2. 园领导迅速组织在场的教职员工对歹徒进行围追堵截。

3. 当歹徒被追到公共场所和公路时，应向在场的群众大声喊叫，说明情况，向群众求助。同时组织部分教职员工增援先期处置的人员，对绑架幼儿的歹徒进行围追堵截，沉着、冷静地对歹徒进行劝导，防止歹徒情绪恶化危及被绑架幼儿的人身生命安全，并机智、勇敢地与歹徒进行周旋，等待公安人员到来。

### 四、治安特大突发事件

1. 突发事件为爆炸性质，安全员应立即启动应急处置预案，迅速拨打110报警，并向园领导报告。
2. 园领导组织教职员工冷静、机智地对歹徒进行有效劝说，尽量延长爆炸时间，并用锅、盆、桶、瓢注满自来水作为防护工具。
3. 组织部分教职员工将幼儿迅速疏散出教室，撤至安全地带。
4. 劝说无效时，幼儿又未撤离危险地区，园领导和安全员应将预备的自来水连续不断地泼向歹徒的炸药包和火种（如打火机、火柴、点燃的香烟），浇湿炸药和火种，使其失去点燃机会，并与歹徒进行周旋，等待公安人员到来，确保儿童生命安全。

# 防台风事故应急预案

一、台风来临的整个时段，幼儿园值班人员和保安人员应当不断地在校园内巡视，若发现险情，立即向值班主管和单位领导报告，启动应急程序。

二、若建筑物在台风中发生倾斜、开裂：

1. 现场指挥应立即组织应急人员引导师生撤离现场，疏散至安全区域，同时切断建筑物电源。
2. 若有人受伤，医疗救护小组进行现场救治，或拨打120送医院。
3. 在危险建筑物周围设置警戒线，应派专人密切观察建筑物状况。
4. 在确保人员安全的前提下，组织搬迁贵重设备和重要资料至安全处。

三、若电线杆、树木或其他高架物倾斜，应立即组织人力进行支撑和加固。

四、对不牢固的空中悬挂物或屋顶材料要进行加固或拆除。

五、关闭幼儿园所有的玻璃门窗。

六、在所有存在事故隐患的建筑物和高架物周围设置警戒线，把人员活动限制在安全区域内。

七、将人员受伤、财产损失和严重事故隐患情况及时上报上级主管部门。

八、及时关注气象部门发布的信息和上级教育部门有关停课通知。若通知停课，由班主任第一时间通知家长，确保每一位家长接收到停课通知。

# 防幼儿走失应急预案

一、发现幼儿走失事件后，园领导立刻打开监控查看时间和当时情况。

二、第一时间向上级部门汇报情况，通知孩子的家长，并请上级部门和公安部门协助寻找。

三、园领导应即刻召集园内所有人员，以幼儿走失时的活动地点为中心点，展开辐射式的寻找。

四、带班教师随时清点幼儿人数，幼儿园大门保持上锁关闭状态。

五、向家长了解该幼儿经常去的地方，组织其他教职工分头全力寻找。

六、征求家长同意，将幼儿的照片发送给相关人员，协助找寻和获取信息。

七、到公安部门查看各路口的监控，随时保持信息联通。

八、班级教师和园领导及时与当事人家庭沟通，稳定情绪。

# 外出活动安全应急预案

## 一、因天气情况及时变更活动处理

1. 活动前一天了解天气情况，通知参加人员做好相应准备（保健人员准备常用药品）。

2. 出行时如遇天气变化，要认真分析趋势和可能，做出延时或变更处理。

## 二、幼儿突发疾病、意外伤害

幼儿在活动过程中如突发疾病、意外伤害，带队教师与保健人员视情况轻重立即处理或就近送往医院救治。

### 三、幼儿走失处理

1. 如发现幼儿走失，切不可大意、拖延，应该立即组织就地寻找。
2. 从最后接触的人员入手，了解其行踪。
3. 电话通知其他班级教师关注寻找。
4. 视情况拨打110报警，请求警方协助寻找。

### 四、交通事故处理

1. 有严重受伤即刻拨打120、110，并立即组织救助。
2. 保护好现场，指挥其余幼儿撤离至安全地点。
3. 向上级领导报告事故情况。
4. 安定幼儿情绪，询问、检查幼儿受伤情况，受轻伤送医院检查、治疗。
5. 立即成立事故处理小组，分别负责家人、公安、医疗、保险各方接洽，妥善处理相关事宜。事后写出书面报告，总结经验教训。

# 安全责任状

## （一）

**安全责任人：业务副园长**

责任事项：

1. 协助园长管理、监督教职工遵守幼儿园安全规章制度，做好防盗、防火等工作，确保幼儿园内安全稳定，无重大安全事故和灾害事件。
2. 及时传达上级有关安全会议精神及要求，做好教职工的安全教育及宣传工作。
3. 建立健全相应的预警机制和安全防范措施，督促、抽查保教人员对幼儿园安全工作的落实情况。
4. 熟悉安全工作和突发事件预案，了解自防自救常识。配合有关部门预防危险突发事件发生，并做好整改工作。
5. 制定科学的作息制度，指导督促各班级做好幼儿接送工作，严格执行和公布作息时间，防错领、走失，防幼儿早入园、晚离园发生的伤害事故。

6. 深入教学第一线，指导督促教师做好活动前教玩具、器械、场地的安全检查，及时发现、排除不安全因素，保障幼儿各项活动的顺利进行。

7. 做好保教人员职业道德教育工作，帮助保教人员树立正确的教育观，严禁体罚和变相体罚幼儿，保证幼儿身心健康成长。

8. 指导督促各年段根据幼儿不同年龄段的认知特点开展安全教育活动，提高幼儿的自我保护能力。

9. 办公室内禁止存放易燃、易爆物品、管制刀具等；严禁使用大功率电器；严禁烧废纸、废品及使用明火等。

10. 下班离开办公室要关好门窗、切断电源、关闭水龙头。

因疏于管理，玩忽职守造成事故，应承担责任。

**责任期：**

单位：

园长：　　　　　　　　　　　　　责任人：

　　年　　月　　日　　　　　　　　年　　月　　日

（二）

**安全责任人：行政副园长**

**责任事项：**

1. 协助园长管理、监督教职工遵守幼儿园安全规章制度，做好防盗、防火等工作，确保幼儿园内安全稳定，无重大安全事故和灾害事件。

2. 及时传达上级有关安全的会议精神及通知要求，做好教职工的安全教育及宣传工作。

3. 建立健全相应的预警机制和安全防范措施，督促、抽查安全员及后勤人员对幼儿园安全工作的落实情况。

4. 熟悉安全工作和突发事件预案，了解自防自救常识。配合有关部门预防危险突发事件发生，并做好整改工作。

5. 在安全教育活动中做好保教与后勤部门的协调工作。

6. 每季度组织一次安全应急演练，增强幼儿的安全应变能力。

7. 发挥社区教育作用，密切警校、家校联系，开展法制安全宣传教育，杜绝违纪违法现象。

8. 严格执行师幼外出活动有关规定，加强幼儿集体活动安全防范，并派出保卫人员做好安保工作。

9. 办公室内禁止存放易燃、易爆物品、管制刀具等；严禁使用大功率电器；严禁烧废纸、废品及使用明火等。

10. 下班离开办公室要关好门窗、切断电源、关闭水龙头。

因疏于管理，玩忽职守造成事故，应承担责任。

**责任期：**

单位：

园长：　　　　　　　　　　　　　　责任人：

　　年　　月　　日　　　　　　　　　　年　　月　　日

## （三）

**安全责任人：发展部主任**

责任事项：

1. 协助行政后勤副园长做好日常安全工作的管理和检查，建立健全相应的预警机制和安全防范措施。

2. 配合园部做好安全宣传教育工作，发现问题及时解决和上报学校有关部门处理。

3. 做好办公室各项材料的收集整理，及时上交上级部门，并传达到幼儿园各部门及个人，不得遗漏。

4. 督促指导各部门、班级执行 6S 管理制度，将 6S 运用到幼儿园管理的方方面面，通过"整理、整顿、清扫、清洁、素养、安全"等环节，养成良好的工作习惯。

5. 创设有利于幼儿身心健康、安全的校园文化环境，把伤害性事件发生的可能性降到最低程度。

6. 配合园部预防危险突发事件发生，并做好整改工作，发现安全隐患及时汇报。

7. 保障幼儿园档案资料安全，严禁无关人员进入档案室，严格执行档案管理、借阅制度。

8. 按园部要求参加防火、防爆等安全培训，熟悉安全工作和突发事件预案，了解自防自救常识。

9. 严禁在办公室内存放易燃、易爆物品、管制刀具等；严禁使用大功率电器；严禁烧废纸、废品及使用明火等。

10. 下班离开办公室、活动室要关好门窗、切断电源、关闭水龙头。

因疏于管理，玩忽职守造成事故，应承担责任。

**责任期：**

单位：

园长：　　　　　　　　　　　　　　　责任人：

　　　年　　月　　日　　　　　　　　　　年　　月　　日

## （四）

**安全责任人：保教部主任、科研部主任**

**责任事项：**

1. 深入教学第一线，督促教师做好活动前教玩具、器械、场地的安全检查，在教师组织活动前有意识进行安全排查，确保幼儿各项活动的安全有序。

2. 指导督促各年段根据幼儿不同年龄段的认知特点开展安全教育活动，提高幼儿的自我保护能力。

3. 重视对幼儿进行心理健康教育，加强正面引导，杜绝体罚、变相体罚和侮辱性语言现象的发生。

4. 指导督促各班级做好幼儿接送工作，严格执行和公布作息时间，防错领、走失，防幼儿早入园、晚离园发生的伤害事故。

5. 发现园内存有安全隐患，应及时向园部反馈。

6. 配合园部预防危险突发事件发生，并做好整改工作，发现安全隐患及时汇报。

7. 保管好保教、教研档案，避免重要档案资料丢失。

8. 按园部要求参加防火、防爆等安全培训，熟悉安全工作和突发事件预案，了解自防自救常识。

9. 办公室内禁止存放易燃、易爆物品、管制刀具等；严禁使用大功率电器；严禁烧废纸、废品及使用明火等。

10. 下班离开办公室要关好门窗、切断电源、关闭水龙头。

因疏于管理，玩忽职守造成事故，应承担责任。

**责任期：**

单位：

园长：　　　　　　　　　　　　责任人：

　　年　　月　　日　　　　　　　　年　　月　　日

（五）

**安全责任人：保障部主任**

**责任事项：**

1. 加强物品、食品采购管理。严格按照采购流程实行采购，禁止购买三无产品，禁止选用过期、无合格证的食品。

2. 深入食堂，正确指导督促食堂人员规范操作，保证餐具、用具消毒安全，保证幼儿食品卫生安全。

3. 对隐患和报修的物品及时安排人员检修并作好记录，为教育教学第一线和幼儿园日常工作提供安全的设施设备和场地区域。

4. 定期对大型玩具进行检查，发生隐患及时向园部反映，及时处理，杜绝事故发生。

5. 坚持执行财务报销制度，做好各项费用的申报、审批、收缴、结算工作。保管好现金、支票、财务专用章、收款票据、印鉴等重要物品。

6. 配合园部预防危险突发事件发生，并做好整改工作，发现安全隐患及时汇报。

7. 保管好后勤档案，避免重要档案资料丢失。

8. 按园部要求参加防火、防爆等安全培训，熟悉安全工作和突发事件预案，了解自防自救常识。

9. 严禁在办公室内存放易燃、易爆物品、管制刀具等；严禁使用大功率电器；严禁烧废纸、废品及使用明火等。

10. 下班离开办公室、活动室要关好门窗、切断电源、关闭水龙头。

因疏于管理，玩忽职守造成事故，应承担责任。

**责任期：**

单位:

园长:　　　　　　　　　　　　　责任人:

　　年　　月　　日　　　　　　　　　年　　月　　日

## (六)

**安全责任人：安全员**

**责任事项：**

1. 遵守学校及幼儿园的安全规章制度，做好防盗、防火工作。按照园部要求定期对本园的房屋设施、幼儿活动器械、水源、食品等进行严格细致的检查、记录，将整改意见及时上报园部，并督促有关部门对安全隐患进行整改。

2. 建立相应的预警机制和安全防范措施，按园部要求参加防火培训，熟悉消防预案和危险突发事件预案操作全过程，掌握预防、扑灭火灾等常识，并能对全园教职工进行再培训。

3. 按照园部的要求，定期检查消防器材，避免人为损坏或挪作他用，保证有关设施设备的正常使用。

4. 提醒家长及外来人员出入园区的不文明行为（衣冠不整、吸烟、乱扔垃圾等）。

5. 配合环境宣传组做好安全宣传教育工作。

6. 协助做好幼儿集体外出活动的安全防范工作。

7. 配合园部预防危险突发事件发生，并做好整改工作，发现安全隐患及时汇报。

8. 保管好安全档案，避免重要档案资料丢失。

9. 严禁在办公室内存放易燃、易爆物品、管制刀具等；严禁使用大功率电器；严禁烧废纸、废品及使用明火等。

10. 下班离开办公室、活动室要关好门窗、切断电源、关闭水龙头。

因疏于管理，玩忽职守造成事故，应承担责任。

**责任期：**

单位:

园长:　　　　　　　　　　　　　责任人:

　　年　　月　　日　　　　　　　　　年　　月　　日

## （七）

**安全责任人：教师**

**责任事项：**

1. 做好活动前教玩具、器械、场地的安全检查，及时发现、排除不安全因素，保障幼儿各项活动的顺利进行。

2. 根据幼儿不同年龄段的认知特点开展安全教育活动，教育幼儿不攀爬门、窗、阳台、护栏等防护设施，提高幼儿的自我保护能力。

3. 管理好幼儿一日活动，做好每日点名工作，及时了解幼儿缺席原因。

4. 对幼儿进行心理健康教育，加强正面引导，杜绝体罚、变相体罚和侮辱性语言现象的发生。

5. 督促保育员保管好班级的洗涤、消毒等卫生用品，避免幼儿误食、误伤。

6. 做好幼儿接送工作，严格执行和公布作息时间，防错领、走失，防幼儿早入园、晚离园发生的伤害事故。

7. 对幼儿带入园的物品及时检查，防止危险物品入园。

8. 组织幼儿外出参观、演出等活动，要统一报园部审批，做到有组织、有专人带队、有安全措施。

9. 配合园部预防危险突发事件发生，并做好整改工作，发现安全隐患及时汇报。

10. 按园部要求参加防火、防爆等安全培训，熟悉安全工作和突发事件预案，了解自防自救常识。

11. 办公室内禁止存放易燃、易爆物品、管制刀具等；严禁使用大功率电器；严禁烧废纸、废品及使用明火等。

12. 下班离开要关好门窗、切断电源、关闭水龙头。

因疏于管理，玩忽职守造成事故，应承担责任。

**责任期：**

单位：

园长：                             责任人：

　　　年　　月　　日              　年　　月　　日

## （八）

安全责任人：保育员

责任事项：

1. 在医务人员和本班教师指导下，严格执行幼儿园安全、卫生保健制度。

2. 负责本班室内外环境、设备、用具的清洁卫生和消毒工作，定时开窗，确保室内空气流通。

3. 在教师指导下培养幼儿良好的生活卫生习惯，管理、照顾好幼儿的生活，根据天气变化情况和幼儿个体差异及时增减被褥、衣服。注意观察幼儿的健康情况，发现异常及时报告。

4. 在教师指导下根据幼儿不同年龄段的认知特点开展安全教育活动，教育幼儿不攀爬门、窗、阳台、护栏等防护设施，提高幼儿的自我保护能力。

5. 照看幼儿午休期间，不串班、接待客人、干私活，注意观察幼儿的午休情况，纠正不良睡姿，防止幼儿将异物放入耳、鼻、口中，避免幼儿从床上摔下。

6. 保管好班级的洗涤剂、消毒剂等卫生用品，避免幼儿误食、误伤。

7. 对幼儿带入园的物品及时检查，防止危险物品入园。

8. 配合园部预防危险突发事件发生，并做好整改工作，发现安全隐患及时汇报。

9. 按园部要求参加防火、防爆等安全培训，熟悉安全工作和突发事件预案，了解自防自救常识。

10. 严禁在活动室内存放易燃、易爆物品、管制刀具等；严禁使用大功率电器；严禁烧废纸、废品及使用明火等。

11. 离园时要关好门窗、切断电源、关闭水龙头。

因疏于管理，玩忽职守造成事故，应承担责任。

责任期：

单位：

园长： 责任人：

  年  月  日     年  月  日

## （九）

**安全责任人：保健人员**

责任事项：

1. 根据国家卫生部门有关规定做好医务工作，防止医疗事故的发生。

2. 认真做好食堂饮食卫生监督工作，随时检查饮食、饮水和环境卫生，杜绝伪劣、变质、过期食品进入幼儿园，防止食物中毒。

3. 坚持晨午检和全日观察，及时处理幼儿的外伤事故和临时发生的疾病。

4. 与当地保健机构密切联系，在预防为主、广泛宣传、引起重视的同时，加强消毒、疫苗接种等措施，做好不同季节流行性传染疾病的防治工作。

5. 做好医务室防火工作，安全放置易燃物品（如酒精）。

6. 指导、检查保育员、炊事员、保洁员做好清洁卫生及消毒工作，并认真做好记录。

7. 配合园部预防危险突发事件发生，并做好整改工作，发现安全隐患及时汇报。

8. 保管好保健档案，避免重要档案资料丢失。

9. 按园部要求参加防火、防爆等安全培训，熟悉安全工作和突发事件预案，了解自防自救常识。

10. 严禁在办公室内存放易燃、易爆物品、管制刀具等；严禁使用大功率电器；严禁烧废纸、废品及使用明火等。

11. 下班离开办公室、活动室要关好门窗、切断电源、关闭水龙头。

因疏于管理，玩忽职守造成事故，应承担责任。

责任期：

单位：

园长：　　　　　　　　　　　　　责任人：

　　年　　月　　日　　　　　　　　　年　　月　　日

## （十）

**安全责任人：资产管理员**

责任事项：

1. 牢固树立主人翁意识，认真担负保管幼儿园财产的责任，做好财产的登记、保管、使用、借用、报损等工作，防止幼儿园资产的丢失。

2. 对各类资产要做到勤检查，勤整理，保证财产的完好，防止物品的蛀、潮、霉、损。

3. 认真做好防盗工作，确保资料室的门、窗牢固。每天上、下班必须对所存放的贵重财产认真核对，若发现问题，及时汇报。

4. 做好资料室的防火工作，严禁烟火，禁止存放易燃、易爆及强腐蚀性的物品。若教学需使用上述物品，应按有关危险品保管规定，严格存放与领用。

5. 配合园部预防危险突发事件发生，并做好整改工作，发现安全隐患及时汇报。

6. 保管好资产档案，避免重要档案资料丢失。

7. 按园部要求参加防火、防爆等安全培训，熟悉安全工作和突发事件预案，了解自防自救常识。

8. 严禁在办公室内存放易燃、易爆物品、管制刀具等；严禁使用大功率电器；严禁烧废纸、废品及使用明火等。

9. 下班离开办公室、活动室要关好门窗、切断电源、关闭水龙头。

因疏于管理，玩忽职守造成事故，应承担责任。

**责任期：**

单位：

园长：　　　　　　　　　　　　责任人：

　　年　　月　　日　　　　　　　　年　　月　　日

(十一)

**安全责任人：食堂人员**

**责任事项：**

1. 对食物、餐具要采取一洗、二冲、三消毒等卫生措施，烧煮食品要充分加热，避免里生外熟，防止病从口入。

2. 操作中认真检查食品的新鲜与卫生状况，发现问题及时上报部门负责人。

3. 服从医务室等有关部门的监督与指导，预防食物中毒，并存放好送检食物样品。

4. 对水池、食品作坊等处应采取防范措施，严禁非工作人员进入，避免投毒事件的发生。

5. 注意安全用电、用火，正确使用厨房用具，经常检查各处电器使用情况，发现问题及时上报。

6. 每年做好身体健康检查，做到持健康证上岗。

7. 配合园部预防危险突发事件发生，并做好整改工作，发现安全隐患及时汇报。

8. 按园部要求参加防火、防爆等安全培训，熟悉安全工作和突发事件预案，了解自防自救常识。

9. 严禁在食堂内存放易燃、易爆物品、管制刀具等；严禁私带、使用大功率电器；严禁烧废纸、废品及使用明火等。

10. 下班离开食堂要关好门窗、切断电源、关闭水龙头，全面检查食堂安全情况，防患于未然。

因疏于管理，玩忽职守造成事故，应承担责任。

**责任期：**

单位：

园长：　　　　　　　　　　责任人：

　　年　　月　　日　　　　　　　年　　月　　日

## （十二）

**安全责任人：保安人员**

**责任事项：**

1. 严格执行幼儿园各项规章制度，认真履行岗位职责，牢固树立"安全第一"意识。

2. 严守岗位，做好安全防范工作，严防幼儿独自外出和陌生人随意进入。

3. 严格遵守作息制度，按时开、关园门。

4. 做好来客的验证、登记工作和电话传呼工作，对园内的陌生人要进行查问，发现形迹可疑者及时向园长汇报，并采取有效措施。

5. 凡大件物品出园，必须查阅有关部门证明，发现情况及时和园领导联系。

6. 做好各种车辆的出入管理，禁止家长接送车入园。

7. 注意传达室用电、防火安全，认真检查和维护消防、安防等设施。

8. 配合园部预防危险突发事件发生，并做好整改工作，发现安全隐患及时汇报。

9. 按园部要求参加防火、防爆等安全培训，熟悉安全工作和突发事件预案，了解自防自救常识。

10. 严禁在岗亭内存放易燃、易爆物品、管制刀具等；严禁使用大功率电器；严禁烧废纸、废品及使用明火等。

11. 下班离开工作场所要关好门窗、切断电源、关闭水龙头，全面检查场地安全情况，防患于未然。

因疏于管理，玩忽职守造成事故，应承担责任。

**责任期：**

单位：

园长：　　　　　　　　　　　　　责任人：

　　年　　月　　日　　　　　　　　年　　月　　日

## （十三）

**安全责任人：门卫人员**

**责任事项：**

1. 严格执行幼儿园各项规章制度，认真履行岗位职责，牢固树立"安全第一"意识。

2. 严守岗位，做好安全防范工作，严防幼儿独自外出和陌生人随意进入。

3. 严格遵守作息制度，按时开、关园门。

4. 做好来客的验证、登记工作和电话传呼工作，对园内的陌生人要进行查问，发现形迹可疑者及时向园长汇报，并采取有效措施。

5. 凡大件物品出园，必须查阅有关部门证明，发现情况及时和园领导联系。

6. 做好各种车辆的出入管理，禁止家长接送车入园。

7. 注意传达室用电、防火安全，认真检查和维护消防、安防等设施。

8. 每晚巡视和检查各班门窗、水电是否安全，认真记录值班情况，发现问题及时处理、汇报。

9. 定期检查监控系统，熟练掌握使用方法，发现事故及时报案。

10. 配合园部预防危险突发事件发生，并做好整改工作，发现安全隐患及时汇报。

11. 按园部要求参加防火、防爆等安全培训，熟悉安全工作和突发事件预案，了解自防自救常识。

12. 严禁教职工在园内存放易燃、易爆物品、管制刀具等；严禁使用大功率电器；严禁烧废纸、废品及使用明火等。

13. 离开工作场所要关好门窗、切断电源、关闭水龙头，全面检查场地安全情况，防患于未然。

因疏于管理，玩忽职守造成事故，应承担责任。

**责任期：**

单位：

园长：　　　　　　　　　　　　责任人：

　　年　　月　　日　　　　　　　年　　月　　日

## （十四）

**安全责任人：水电工**

**责任事项：**

1. 管理好电房及周围的安全设施，严禁任何人擅入电房。

2. 每天早晚检查变电柜一次，发现问题及时汇报，并采取拉闸断电等措施，避免事故的发生。

3. 随时检查园内电路，避免电线外裸。明确园内地下电缆的走向，避免因施工等因素，触动电缆造成事故。

4. 管理好饮用水的卫生，定期检查水质，监督净水公司工作人员做好饮水机消毒、换滤芯工作。

5. 管理好教学楼的消防栓，定期检查消防栓水流畅通情况，确保随时启动使用。

6. 配合园部预防危险突发事件发生，并做好整改工作，发现安全隐患及时汇报。

7. 按园部要求参加防火、防爆等安全培训，熟悉安全工作和突发事件预案，了解自防自救常识。

8. 严禁在电房内存放易燃、易爆物品、管制刀具等；严禁使用大功率电器；严禁烧废纸、废品及使用明火等。

9. 离开工作场所要关好门窗、切断电源、关闭水龙头，全面检查场地安全情况，防患于未然。

因疏于管理，玩忽职守造成事故，应承担责任。

**责任期：**

单位：

园长：　　　　　　　　　　　　　责任人：

　　年　　月　　日　　　　　　　　　　年　　月　　日

## （十五）

**安全责任人：保洁员**

**责任事项：**

1. 在保健人员的指导下，严格执行幼儿园安全、卫生保健制度。

2. 负责幼儿园户外环境及各室的卫生、清洁工作，定期对幼儿的活动器械进行清洁、消毒，确保环境舒适、整洁。

3. 配合园部做好环卫安全工作，发现安全隐患及时整改，并及时向园部汇报。

4. 配合园部预防危险突发事件发生，并做好整改工作，发现安全隐患及时汇报。

5. 按园部要求参加防火、防爆等安全培训，熟悉安全工作和突发事件预案，了解自防自救常识。

6. 严禁在工作区内存放易燃、易爆物品、管制刀具等；严禁使用大功率电器；严禁烧废纸、废品及使用明火等。

7. 下班离开工作场所要关好门窗、切断电源、关闭水龙头，全面检查场地安全情况，防患于未然。

因疏于管理，玩忽职守造成事故，应承担责任。

**责任期：**

单位：

园长：　　　　　　　　　　　　责任人：

　　年　月　日　　　　　　　　　　年　月　日

## （二）卫生保健类

# 卫生保健制度

### 一、保健工作制度

1. 主要任务：监测幼儿健康状况；对幼儿进行健康教育，培养幼儿良好的卫生习惯；改善幼儿园卫生环境和教学卫生条件；加强对传染病、幼儿常见病的预防和治疗。

2. 合理安排幼儿的一日活动时间，每天户外活动时间不少于两小时。

3. 设置符合标准的卫生间和用水设施。

4. 健全卫生制度，加强对幼儿个人卫生和环境卫生的管理。

5. 定期做好卫生健康教育，定期更换卫生宣传栏内容。

卫生宣传内容：

（1）幼儿正常生长发育情况。

（2）幼儿衣、食、住、行等方面的卫生要求。

（3）幼儿生活、卫生习惯的培养。

（4）各种传染病的预防知识。

（5）常见病、季节多发病的防病知识。

（6）利用大自然因素：日光、空气和水锻炼的卫生要求。

（7）饮食卫生，营养卫生知识（冬春季节侧重营养，夏秋季节侧重饮食卫生知识）。

6. 建立幼儿健康管理制度，定期进行体格检查，建立幼儿健康体检卡片，预防接种卡，对残疾、体弱幼儿，应加强医学照顾和心理卫生教育工作，健全卫生资料、档案。

7. 创设保健室环境，严格按照省级示范园规范化标准配备医疗卫生用品，保健员要加强学习，提高自身素质。

8. 积极做好弱视、沙眼、龋齿、寄生虫、营养不良、贫血等常见疾病的群体预防和矫治工作。认真做好急、慢性传染病及地方病的防治和控制管理工作。

## 二、健康检查制度

（一）入园检查

1. 新生入园前必须到省妇幼保健医院进行全身体格检查。如有传染病接触史，须待检疫期后无症状才可入园，同时了解幼儿疾病史、传染病史、过敏史、家庭史和生活习惯等。

2. 新入职工作人员参加工作前必须进行体检，包括胸部 X 光线透视、肝功能及常规检查，健康检查合格，并且无严重生理缺陷者方可就职。

（二）定期体检

1. 幼儿每年体检一次，每半年测身高体重一次并做好记录，进行健康分析、评析、疾病统计，及时矫治缺陷，建立每个入园幼儿的健康档案。

2. 坚持对幼儿晨检及全日健康观察，认真做好一摸（有无发热）、二看（咽部、皮肤、精神）、三问（饮食、睡眠、大小便情况）、四查（有无携带不安全物品），发现问题应及时处理。

3. 在园工作人员每年全面体检一次，食堂工作人员每半年大便检查一次。发现肝炎或其他传染病者必须立即离职治疗，待痊愈后，持县市以上医疗保健单位的健康证明方可恢复工作。患慢性痢疾、乙肝表面抗原阳性、滴虫性阴道炎、化脓性皮肤病、麻风病、结核病、精神病等保教人员应调离工作。

4. 对犯有慢性疾病和一次性传染病的人员应仔细记录在员工健康档案中。

## 三、幼儿预防接种管理制度

1. 幼儿入园时应将预防接种证复印件交至幼儿园，由保健人员查验并登记备案，同时上报当地疾病预防控制机构。

2. 需补种疫苗应填写补种通知单，并督促家长按幼儿年龄完成防疫部门布置的计划免疫任务。

3. 对于当日接种幼儿，应嘱咐保育员注意护理，减少运动量，多饮水。

4. 幼儿在园期间，凡接种免疫疫苗的，应及时将接种反馈单交予保健教师给予登记。

### 四、消毒制度

1. 幼儿每人两巾一杯，巾杯一用一消毒，用消毒柜或 1∶500 的 84 消毒液浸泡洗净，放置通风处，便于幼儿使用。

2. 地面、厕所、盥洗池每天刷洗，并用 1∶500 的 84 消毒液擦洗或喷洒厕所。

3. 食具一餐一消毒，食堂工作人员负责用消毒柜消毒（消毒时间按消毒柜说明执行）或放到锅里煮开 30 分钟。

4. 幼儿玩教具要保持清洁。大型玩具每月消毒一次，桌面玩具每周消毒一次（用 1∶500 的 84 消毒液消毒 5—10 分钟或太阳晒 1—2 小时）。

5. 幼儿被褥半个月带回家洗晒一次。

6. 保持室内外清洁、室内空气流通，每日早晨、下午起床后开窗换气，每周紫外线消毒寝室和活动室一次一小时（幼儿离园时）。

7. 发现传染病立即报告隔离，由保健室医生指导并配合做好消毒。（详见《班级传染病发生期间的隔离消毒管理措施》）

8. 保证幼儿自主饮水，注意饮水机的清洁。

9. 食堂工作人员要严格按照食品卫生管理条例执行。

### 五、疾病预防制度

1. 贯彻"预防为主"方针，做好经常性的疾病预防工作。

2. 幼儿预防接种卡率达到百分之百。

3. 及时了解疫情，发现传染病及时报告，做到早预防、早发现、早报告、早诊断、早治疗、早隔离，实行及时正确的检疫措施，对所在的班级进行严格的消毒，对接触传染病的幼儿立即采取必要的预防措施，并按各种传染病规定的检疫期进行检疫。

4. 检疫期间不办理入园和转园手续。

5. 积极采用各种办法，防治疾病，降低发病率。

6. 加强体格锻炼，增强幼儿体质，提高对疾病的抵抗力，在传染病流行期间，不带幼儿到公共场所。

# 食堂管理制度

### 一、食堂卫生管理制度

1. 食堂工作人员必须遵守园里的一切规章制度和职责。

2. 食堂工作人员必须持证上岗，保证每年体检一次，每半年大便检查一次。

3. 食堂工作人员上班时要穿工作服、戴工作帽，勤剪指甲、勤洗手、勤洗头、勤洗澡，保持个人清洁卫生。上班时不涂指甲油、不戴首饰。上厕所要脱下工作服帽。

4. 工作人员有病要及时治疗，传染病要隔离。

5. 炉具、案板要天天洗净，绞肉机、豆浆机等每次用完及时清洗、消毒、加盖存放。

6. 坚持每周一大扫，每天两小扫，确保室内外清洁。操作台窗保持全日整洁卫生。

7. 餐具做到一洗、二清、三消毒。幼儿碗、匙，食堂的瓢、勺使用消毒柜消毒，停电改用消毒液消毒。

8. 蔬菜拣好后，先洗菜，洗净后用流动水浸泡1小时后再切，菜要洗净，防止泥、昆虫等杂质夹杂在菜中。

9. 操作食材、烹调过程中禁止吸烟、吃零食等和工作无关的事。

10. 严格执行卫生"五四"制度："四不"制度、"四隔离"制度、"四过关"制度、"四定"制度、"四勤"制度。

11. 加强值日工作，厨房、餐厅每天每餐打扫，保持灶面、地面整洁。

12. 做好灭蝇灭蚊防鼠工作，及时开关蝇灯、消毒灯。验收人员严把食品进仓质量关，发现问题及时处理。

13. 采购人员要提供市场信息，不购变质、腐烂物品，如有不符合要求的物品，验收人员有权要求退货不入库。

14. 仓管人员要做好进出仓记录，经常检查物品有无变质，做到先进物品先出仓。

## 二、餐具用具消毒制度

1. 每餐做好各类餐具、炊具的消毒工作，幼儿碗、匙，食堂的瓢、勺使用消毒柜消毒，停电时改用消毒液，未经消毒的餐饮具不得使用。

2. 餐饮具使用前必须洗净、消毒，未经消毒的餐饮具不得使用。禁止重复使用一次性餐具。

3. 消毒后的餐饮具必须贮存在专用保洁柜内备用。

4. 洗涤、消毒剂必须符合卫生标准或要求，必须有固定的存放橱柜，并有明显的标记。

5. 用于原料、半成品、成品的刀、墩、板、桶、盆、筐、抹布以及其他工具，容器必须标志明显，做到分开使用，定位存放，用后洗净，保持清洁。

## 三、膳食管理制度

1. 伙食由专人负责，建立伙委会，加强民主管理，定期研究伙食问题。

2. 伙食费专款专用，精打细算，计划开支，合理使用，并定期公布伙食费使用情况。

3. 根据季节和市场供应情况，保健员要定期计算幼儿进食量、营养量，做好营养分析，制订适合幼儿年龄特点的食谱，做到花色品种多样，保证幼儿摄入足够的营养。

4. 准确掌握当日幼儿出勤人数，做到每天按人按量供应主副食，不吃隔夜饭菜。

5. 按时开饭，幼儿进餐时间不少于三十分钟，保证幼儿每餐吃饱吃好。

6. 加强体弱儿的饮食管理，为患病幼儿做病号饭。

## 四、库房管理制度

1. 食品贮存者应当分类、分架、隔墙、离地存放，平台或层架离墙离地 20 cm 以上。

2. 定期检查及时处理变质或超过保质期限的食品。

3. 食品贮存场所禁止存放有毒、有害物品及个人生活物品等非食品。

4. 用于保存食品的冷藏设备，必须贴有标志，生食品、半成品和熟食品应分柜存放。

5. 定期开窗或开机通风，防止霉变。

6. 凭验收入库记录入库存放。

7. 每天清理库房，做到先进先出，保持地面、层架、平台整洁。

### 五、配餐管理、食品留样制度

1. 配餐间应密闭，做到专间、专人、专用工具，传菜口能推拉封闭。

2. 配餐间使用前开紫外线空气消毒灯消毒 15—30 分钟。

3. 每次使用后要及时清洗消毒工用具、台面、地面。

4. 外入即食及烹调好的菜品应检查色、香、味、形是否正常，菜品中是否混有异物，如发现异常情况要及时处理。

5. 存放、夹取食品的容器、工具用后应及时清洗消毒，密闭保存。

6. 烹饪加工好的食物直接进入配餐间，最长存放时间不得超过 30 分钟。

7. 所售食品留样，每种食品留样不少于 125 g，存放于专用留样冰柜内，冷藏保留 48 小时。

### 六、烹调加工卫生管理制度

1. 工作人员应注意个人卫生，穿戴洁净的工作衣帽，加工前先洗手。

2. 所加工的食品应烧熟煮透，其中心温度不低于 70 ℃。

3. 不选用烹调加工腐败变质、油脂酸败、霉变、生虫、污秽不洁、混有异物、有毒有害的食品原料。块状食品必须充分加热，烧熟煮透，防止外熟内生。

4. 生熟仪器案台分开，成品与半成品分开，冷柜（箱）内存放的熟食与食品原料分开，定位存放。

5. 所用的调（佐）料符合使用卫生标准。

6. 制作点心用原料要以销定量，制作时使用色素、香精等食品添加剂，严格执行国家《食品添加剂使用卫生标准》。

7. 隔餐隔夜的熟食品须经加热处理，重新加热的温度要达到 70 ℃以上。

8. 烹调加工后至食用前需较长时间（超过 2 小时）存放的食品，应当在高于 60 ℃或低于 10 ℃的地方存放。

9．用于原料、半成品、成品的刀、墩、板、桶、盆、筐、抹布以及其他工具，容器必须标明显，并做到分开使用，定位存放，用后洗净。

10．工作结束后，调料加盖，做好容器、灶上、灶下、地面、墙面的清洁卫生。

### 七、膳食管理制度

1．幼儿膳食实行专人管理，民主管理，成立膳食委员会（由园领导、食堂管理人员、保健人员、教师代表及家长代表等组成），定期召开会议研究幼儿膳食问题。

2．将膳食卫生工作列入幼儿园工作计划，做到有领导、有组织、有部署、有检查、有总结。

3．伙食费实行专款专用，做到精打细算、计划开支、合理使用，保持伙食费收支平衡，每月公布一次帐目。

4．按一餐两点制定食谱，保健人员每周提供带量食谱、营养计算，保证幼儿各种营养量摄入量达到要求，满足生长发育需要。

5．严格按照食谱操作，注意烹调方法科学，调制花样丰富，做到粗细、主副食、荤素等合理搭配，色、香、味、形俱全。

6．准确掌握幼儿出勤人数，做到每人按量供应主副食，避免造成浪费。

7．做好食品验收工作，并做好记录。食品留样根据要求保量、保时。

8．教职工伙食和幼儿伙食严格分开，不允许侵占幼儿伙食。

9．加强体弱儿饮食管理，根据需要提供病号饭或体弱儿、过敏体质幼儿饮食。

10．实行"明厨亮灶"，及时向家长公布食谱，听取家长的建议。

### 八、食品原料采购及索证制度

1．食堂采购员必须到持有卫生许可证营业执照的经营单位采购食品，并向供方索取有关证件。

2．购物要提供有关食品书面证明材料，不采购以下食品：

（1）腐败变质、油脂酸败、霉变、生虫、污秽不洁、混有异物或者其他感官性状异常，含有毒有害物质或者有毒、有害物质污染，可能对人体健康有害的食品。

（2）未经防疫部门检验或者检验不合格的肉类及其制品。

（3）"三无产品"或其他不符合食品卫生标准和要求的食品。

3. 所有仪器及其原料须有验收入库记录，建立台帐。

4. 小批量进货的定型包装食品、非定型包装食品及其原料应索取购物发票，以及供货商卫生许可证复印件。

# 卫生消毒制度

### 一、各区域消毒常规

1. 空气：开窗通风每日至少3次，每次30分钟以上（无特殊情况下持续通风）。使用紫外线消毒灯消毒，每日1次，每次1小时，紫外线灯使用时关闭门窗，在无人状态下消毒。

2. 园内大环境：每周消杀2次，每月室内环境灭菌一次（消毒站消杀）。

3. 空调、风扇等通风设备：风扇等机械通风设备每周清洗消毒1次，分体空调设备过滤网和过滤器每2周清洗消毒1次。

4. 物体表面：包括经常接触或触摸的物体表面，如门把手、窗把手、台面、桌椅、扶手、水龙头、电梯按钮等每天消毒2次，不易触及的物体表面可每天消毒1次。

用消毒浓度为500 mg/L的含氯消毒液擦拭或喷洒消毒，作用时间30分钟，按照清洁—消毒—清洁的顺序操作。

注意事项：

①有肉眼可见的污染时，应先去除可见污染后再行消毒。

②应喷洒至物体表面被完全润湿。

③不得与清洗剂合用，消毒完成后用清水清除表面残留。

④精密设备或操作仪表等使用湿巾擦拭消毒。

5. 楼梯、下水道：楼梯每日喷洒消毒2次。园内下水道定期清理，每天喷洒消毒水1次，采用500 mg/L含氯消毒液擦拭或喷洒消毒，作用时间30分钟。

6. 地面、墙壁：一般情况下，墙面不需要进行常规消毒。地面每天消毒水拖地 1 次（活动室中午消毒，寝室下午消毒），当地面或墙面受到血液、体液、排泄物、呕吐物或分泌物污染时，先清除污染物后再消毒，采用拖拭、擦拭或常量喷雾器喷洒消毒。采用浓度为 500 mg/L 的含氯消毒液，消毒 30 分钟，按照清洁—消毒—清洁的顺序操作。

注意事项：消毒前先清除地面污迹，其他同物体表面。地面应保持清洁、干燥、无水迹残留。

7. 洗手水池、便器、盛装吐泻物的容器、痰盂（杯）等：洗手水池、便器等每天 2 次喷洒消毒。盛装吐泻物的容器、痰盂（杯）等每次使用后及时浸泡消毒，采用 500 mg/L 含氯消毒液消毒 30 分钟。每次用后清洗干净、保持清洁。

8. 电话机、传真机、打印机、电脑键盘、鼠标等：用 75% 酒精或 500 mg/L 含氯消毒液消毒 30 分钟，每天消毒 1 次。

9. 幼儿毛巾：每天清洗消毒 1 次、每日消毒柜消毒 1 次、每周用消毒水浸泡 3 次。毛巾应一人一巾一用一消毒，在使用前不取出消毒柜。

10. 幼儿玩具：

①不耐热的物品塑料、橡皮、木器类文体活动用品和玩具用擦拭或浸泡消毒，每周消毒 1 次。定期用清水清洗，可使用洗涤剂与温水清洗，以加强污垢的去除效果，有缝隙的文体活动用品和玩具还可用刷子涮洗，用 250 mg/L 含氯消毒液浸泡消毒 30 分钟，再用清水洗净晾干。

②纸质、长毛绒类文体活动用品和玩具可置阳光下暴晒或使用紫外线消毒灯消毒，每周消毒 1 次。在阳光下暴晒时间应大于 4 小时，紫外线消毒时应将书籍充分展开。

11. 清洁用具（拖把、抹布）：不同的区域应使用不同的拖把和抹布。每次使用后浸泡 500 mg/L 含氯消毒液，消毒 30 分钟以上。

拖把和重复使用的抹布用完后应洗净、悬挂晾干，有条件的可烘干后存放。清洁桶应在每次使用后用温水和清洁剂清洗，充分干燥后倒置存放。

12. 餐饮具：餐饮具专人使用，用后清洗消毒，保持干净。每日清洗后用消毒液浸泡 30 分钟（食堂），消毒浓度为 250 mg/L，最后放入消毒柜消毒，使用前不取出消毒柜，避免二次污染。

注意事项：蒸汽消毒时餐饮具需留有空隙。浸泡消毒时，餐饮具需完全浸没。

13. 手：一般情况下采用流动水和洗手液，按照七步洗手法，充分搓洗。必要时可用合格的免洗手消毒剂消毒。

14. 垃圾桶：每日用消毒液喷洒消毒垃圾桶表面至少 1 次，使用 500 mg/L 含氯消毒液喷洒消毒。口罩等医疗专用废弃垃圾需用消毒液喷洒后再清运，医疗废弃物垃圾使用 1000 mg/L 含氯消毒液喷洒消毒。未清运垃圾需置于有盖的桶内。

15. 温度计：红外线温度计以 75％酒精擦拭为宜。水银温度计以 75％酒精浸泡。体温计每日消毒 1 次，水银体温计浸泡时间 30 分钟，而后取出控干备用。

16. 随时消毒是指对病例和无症状感染者污染的物品和场所及时进行的消毒处理。

## 二、疑似病例和密接人员的生活用品和随身物品

可采用有效氯浓度为 1000 mg/L 的含氯消毒剂消毒，消毒对象和方法可参考日常性消毒。疑似病例所在班级用有效氯浓度为 1000—2000 mg/L 含氯消毒剂进行喷雾处理或擦拭消毒。

疑似病例的排泄物和呕吐物消毒：排泄物、呕吐物可采用加盖容器收集，将 5％的含氯消毒剂按 1∶4（消毒液∶污染物）混合作用 2 小时后排入下水道。如呕吐物、排泄物、分泌物等污染物直接污染地面，可用含固态过氧乙酸应急呕吐包覆盖包裹，或用干毛巾覆盖后喷洒 10000 mg/L 含氯消毒剂至湿润，少量污染物可直接移除，大量污染物需作用 30 分钟后小心移除，按医疗废弃物处理。被污物污染的台面和地面应及时消毒，可用有效氯浓度为 2000 mg/L 的消毒液擦拭或拖拭，消毒范围为呕吐物周围 2 米，作用 30 分钟，建议擦拭 2 遍。

发现疑似病例送至医院治疗后，幼儿园环境应及时由属地疾控机构组织进行终末消毒。

# 传染病防控制度

一、健全疫情报告制度，做到早发现、早报告、早隔离、早治疗。一旦疫

情发生，及时向保健室报告，并由保健人员及时向防疫部门报告，以采取相应措施控制疫情。

二、保健室设置隔离室和观察床，隔离室用品专用。

三、幼儿及工作人员患传染病应立即隔离治疗，所在班级做好终末消毒，按照园内卫生消毒制度执行。患者待隔离期满痊愈后，经医生证明方可回园。如有瞒报、漏报情况，造成严重后果的，依法追究相应责任。

对患传染病的幼儿所在的班级和与传染病患者接触过的幼儿进行检疫、隔离、观察。检疫期间不收新生。本园幼儿不混班，不串班。检疫期满后方可解除隔离，疫点班级在一日中必须严密观察在园幼儿三次以上至检疫期结束。

四、加强晨检制度，在传染病流行期间，把晨检作为检疫第一关，并加强师幼的传染病防治意识。对疫区转入、转出的幼儿，要严格控制。各班级做好幼儿病缺课的了解和登记，并及时反馈到保健室。（患病幼儿的请假条家长必须写明详细病因）

五、切断传播途径，搞好环境卫生及个人卫生，不随地吐痰。督促幼儿多饮水、勤洗手，加强户外体育锻炼。疫情期间请家长尽量少带孩子到公共场所，避免与传染病接触，以防止传播。如发现孩子已与患传染病的患儿接触过，更应仔细检查观察。接触者检疫期为 7—21 天。

# 晨、午检制度

为掌握幼儿的健康状况，及时发现、报告和处理园内有咳嗽、发热、流感症状的患者，我园特制定晨检与全日健康观察制度。

## 一、晨检的内容与卫生要求

（一）晨检内容

1. 一摸：触摸幼儿额头和手心，如怀疑发热应测量体温。有疫情时，用电子体温计进行筛查，怀疑发热时用水银体温计复测。

2. 二看：观察幼儿一般情况，有无疾病或传染病迹象，如精神情绪是否正常，有无皮疹、黄疸、肿大淋巴结，有无流涕、流泪、咳嗽、结膜充血等传染病早期症状体征；可疑者隔离观察，待进一步确诊。

3. 三问：了解幼儿在家食欲、睡眠、两便、情绪等情况，了解家庭成员近期状况，解答家长保健咨询。对委托喂药的幼儿，保健人员应与家长做好药品交接工作，登记幼儿姓名、班级、药名、服用方法等，并请家长签字。

4. 四查：检查有无携带不安全的物品（如玻璃片、弹弓、珠子、小刀、玩具枪等），晨检程序完成后，应综合分析，判断是否正常，然后分别做出恰当处理。

(二) 晨检卫生要求

1. 晨检时间：每天早晨入园时间。

2. 晨检地点：幼儿园入口处，风雨天、严冬季节时可在大厅或室内晨检，以避免家长和孩子受冻。

3. 晨检必备物品器械：晨检牌、手电筒、压舌板、体温计（电子式、水银式）、手消毒剂、晨检登记本等。

4. 晨检医生着装：晨检医生应着工作服上岗，不化妆，不戴戒指，不留长指甲，个人卫生以及精神面貌良好。

5. 需要重点观察服药儿童：应发给不同晨检牌，以便他们回班后得到相应的照顾。晨检牌每日下午回收、清洗、消毒备用。

6. 晨检工作规范：晨检医生应认真做好晨检，做到眼明、手快、口勤，发现问题不放过，把好疾病防控重要环节。

7. 晨检登记制度：详细填写晨检情况及处理意见，由晨检医生负责记录。

## 二、午检的内容与卫生要求

(一) 午检内容

1. 体温：触摸儿童额头或手心，如怀疑发热应测量体温。有疫情时，每日用电子体温计进行筛查，怀疑发热时用水银体温计复测。

2. 午睡：观察幼儿一般情况，如精神情绪是否正常，有无流涕、流泪、咳嗽、结膜充血等传染病早期症状体征；可疑者隔离观察，待进一步确诊。午睡时要加强巡视，观察幼儿面色，纠正不良睡姿（闷头睡及趴睡等），帮助幼儿盖好被子，发现异常情况及时处理，提高幼儿午睡率。夏天做好防暑降温工作，冬天做好保暖防冻工作。

3. 服药：保健医生应按照晨检登记的服药要求按时、按量给幼儿喂药，严格执行查对制度，杜绝乱服药、未服药现象。

4. 不安全物品：检查有无携带珠子或其他尖锐物品进入午睡，女生关注是否有发夹及发圈未拆卸，然后分别做出恰当处理。

5. 教、寝室卫生：巡视班级内部环境及物品卫生消毒情况。

（二）午检要求

1. 午检时间：每天幼儿午睡时间。
2. 午检登记制度：详细填写午检情况及处理意见，由保健医生负责记录。

# 全日健康观察制度

全日健康观察内容：

1. 加强全日健康观察。

全日健康观察是指对在园幼儿全天的健康状况进行动态观察，内容包括饮食、睡眠、大小便、精神状况、情绪、行为等。

2. 每日下班巡视。

保健人员每日应深入班级和园内各处巡视至少 2 次。如发现患病幼儿，尽快与家长联系，进行离园休息或治疗。巡视过程中，注意观察事故隐患，纠正不卫生、不安全行为，指导幼儿行为习惯。

3. 加强午睡巡视。

应加强巡视，细心观察幼儿是否出现发热、睡姿不当等行为，做好记录。

4. 关注服药幼儿。

关注带药幼儿健康情况，送药下班，亲自喂服，细心观察病情。喂药前三查三对，严遵医嘱，并做好记录。

5. 午餐巡视及陪餐制度，幼儿在园饮食建立陪餐制度，每日做好记录，及时调整膳食以满足幼儿生长发育需求。保健人员每周至少巡视 2 次全园幼儿进食情况并记录。

# 在园服药登记制度

一、需在园服药的幼儿，家长应在晨检时和保健医生做好药品交接工作，如实提供幼儿就诊记录以便保健医生核对，同时填写《幼儿服药登记表》，详细记录幼儿的班级、姓名、座号、药物名称、服用剂量、服用时间和方法等，并附上家长签名。

二、保健医生认真核对幼儿就诊记录，在幼儿药品上做好标记，包括幼儿班级、姓名、座号等信息。

三、保健医生根据家长填写的《幼儿服药登记表》按时、按量给幼儿服药，喂服前细心观察病情，喂药前三查三对，严遵医嘱，并做好记录。

四、未经保健医生许可，任何人不得给幼儿服药，以防止医疗事故的发生。

五、保健医生应密切关注服药幼儿的情况，如发生紧急病情，应立即送医救治，并通知家长。

## 因病缺勤登记制度

一、班级教师每日负责登记和统计本班幼儿因病缺勤人数，如实汇总至保健医生。保健医生做好全园幼儿的缺勤登记，每日上报至园部。

二、班级教师应及时了解幼儿的缺勤原因，如有疑问，可上报至园部，由园部安排保健医生进行进一步追访，以做到对传染病人的早发现。

三、告知家长，如果幼儿缺勤应及时向班级教师请假并说明原因。

四、保健室每周、每月公布各班级的出勤情况，对于一周内出勤率低于70%的班级，保健室出具书面报告向园部说明详细原因，并做好下一步的消毒工作。

## 健康教育制度

一、定期对全园教职工进行疾病防治、健康科普知识教育，培训相应的幼儿救护知识。

二、协助教师培养幼儿良好的健康意识，帮助幼儿养成良好的生活与卫生习惯，提高自我保护能力，保健室将日常观察结果反馈至园部，为班级幼儿下一步的习惯养成提供参考。

三、通过宣传专刊、网络宣传等途径，对幼儿及家长进行健康教育，实现家园共同进步。

# 健康检查制度

一、幼儿入园前需在指定的医疗机构进行全面的体格发育检查，入园时应查验《儿童入园健康检查表》《儿童保健手册》《儿童预防接种证》并登记，检查结果合格后方可入园。

二、在园幼儿应定期进行健康检查，身高、体重、视力、口腔检查每半年进行一次。听力、心理、血红蛋白检测每年进行一次。新生入园时需进行听力检测，之后每年复查1次。对有后天致聋因素的幼儿，如传染病史、中耳炎史、使用过耳毒性药物及客观反应不良的，应加强监护。培养幼儿良好的口腔卫生习惯，控制糖或含糖食物的摄入量与摄入次数，预防龋齿，教育幼儿养成饭后漱口、早晚刷牙的良好习惯。

保健室对检查结果做好分析、评价及统计工作，及时反馈矫治情况，完成表簿卡的填写工作。

三、幼儿离开托幼机构3个月以上，应当进行健康检查，结果合格后方可再次入园。

四、保健室应及时准确了解幼儿疾病史、过敏史、家族史等情况，对于有疑似传染病的幼儿，应通知家长离园诊治。患传染病的幼儿治愈后，凭医疗机构出具的健康证明方可入园。

五、教职工需取得《托幼机构工作人员健康证》后，方可上岗。教职工每年体检一次，在岗人员患有传染性疾病的，应立即离岗治疗，治愈并取得《托幼机构工作人员健康证》后，方可回园工作。

六、食堂人员上岗前需取得《食品从业人员健康合格证》，有发热、腹泻等情况不上岗，待治愈后返岗。

## 体格锻炼制度

一、积极开展适合幼儿的体育活动，每日户外体育活动不少于 1 小时，加强冬季锻炼。

二、制定与幼儿生理特点相适应的体格锻炼计划，科学评估体育教学效果。

三、充分利用日光、空气、水等自然因素，以及本地自然环境，有计划地锻炼幼儿肌体，增强身体的适应和抵抗力。

四、定期开展幼儿体质监测，了解幼儿体质健康情况，为幼儿体格锻炼计划制定提供依据。

五、锻炼前做好场地、器械等准备工作，注意幼儿在活动中生理和心理变化，适时做好卫生保健工作，对体弱儿予以特殊照顾。

## 传染病防控应急预案

一、保健人员严把幼儿入园晨检关，发现疑似传染性疾病应立即通知家长将幼儿带回，并及时到定点医院就诊。

二、保健人员追踪班级幼儿缺勤情况，及时上报园领导。

三、对已入园的幼儿如发现疑似传染病，由教师通知保健医生，保健医生做好防护措施后到班级将幼儿带至隔离室，做初步排查，同时通知家长带回幼儿并及时到医院就诊，同时上报园领导。幼儿所在班级需配合防疫部门做好相关检疫工作。保健医生跟进幼儿就诊情况并向园部报告。

四、在防疫部门的指导下，迅速、严格、彻底全面做好环境终末消毒工作。

五、患病幼儿在家治疗期间，园部每天与幼儿家长联系、了解病情，并及时报告园部及有关部门。

六、对住院治疗幼儿跟进了解病情，配合上级有关部门做好调查及后续处理工作。

七、当患者病愈要求返园时，需向园传染病防控领导小组报告，并出示医院证明，经园传染病防控领导小组同意后方可回园。

## 食物中毒应急预案

一、马上向有腹痛、呕吐、腹泻现象的幼儿询问情况，向家长了解是不是在外面吃过其他东西。

二、立即停止食用可疑食物。

三、幼儿园马上组织车辆、人员把有腹痛、呕吐、腹泻的幼儿送医院治疗。

四、通知幼儿家长并向家长说明情况，要求家长到医院。

五、及时向园部、教育行政部门、卫生防疫部门汇报情况。报告内容有：发生中毒的单位、地址、时间、中毒人数，主要临床表现，可能引起中毒的食物等。

六、保护好现场，封存一切剩余可疑食物及原料、工具、设备，保护好中毒现场和食品留样，防止人为破坏现场，等候卫生执法部门处理。

七、相关人员如实反映情况，将病人所吃的食物，进餐总人数，病人中毒的主要特点，可疑食物的来源、质量、存放条件、加工烹调的方法和加热的温度、时间等情况如实向有关部门汇报。

## 突发疾病应急预案

一、在园期间，幼儿患有已知的先天或后天严重疾病，出现严重哮喘、癫痫、昏厥、窒息等突发病。

二、带班教师稳定全班幼儿情绪，配班迅速把发病幼儿送到幼儿园保健室或请保健医生第一时间赶到现场。

三、保健医生视幼儿病情程度，上报园领导，伤轻者由医务室处理，重者马上拨打120叫救护车送往医院。

四、班主任第一时间联系家长，向幼儿家长说明病情，并告知幼儿园的处理情况。

五、班主任与家长保持联系，跟进了解幼儿恢复情况，及时向园部汇报。

## （三）财产财务类

## 财务管理制度

一、园长对幼儿园财务工作全面负责，由报账员向学校财务处报账。

二、本着"量入为出，统筹兼顾，保证重点，收支平衡"的原则，编制每学期的经费预算。

三、严格按照国家有关政策规定，依法组织收入，各项收费严格执行国家规定的收费范围和标准，并使用合法票据，各项收入必须全部纳入幼儿园收入账户，统一管理，统一使用。

四、严格执行国家财务规章制度及上级主管部门开支范围及开支标准，按预算正常执行，各项支出应按实际发生数列支。对于大型的修缮建设及设备购置应预先经园务讨论，按审批程序执行。

五、加强工程项目的预算，把好质量管理等环节，防范决策失误或有关舞弊行为。工程结束后，报请审计部门审定，工程款项由学校与施工单位核算。

六、报销应严格按照报销流程规定，在发票或收据背面由经手人、验收复核人、"一支笔"审批人三者签字，并按规定填写，交财务报销。

七、严格按上级主管部门规定收取代办费金额，并严格控制代办费的支出项目，严禁支列无关的费用，代办费应每学期结算支出明细，向家长公布、清退余款。

八、按标准收取幼儿伙食费。支出幼儿一餐两点、净水、餐后水果及食堂使用的水电煤气费等其他成本。教师伙食应与幼儿伙食严格分开，单独建账，保证幼儿伙食专款专用，严禁挤占幼儿伙食费。每月公布伙食费使用明细及库存情况，接受家长监督。

九、园长、主管会计离任、外调时，配合做好移交、接收的交接工作。

十、幼儿园经费必须用于保证幼儿园正常运作和发展范围内使用，不得挪用转移。

# 财务报账制度

一、配合园部正确编报预、决算，统一管理全园预算内、外经费，定期向园长报告经费收支情况，协助园长做好幼儿园财务管理工作。

二、熟悉财务制度，严格遵守执行，对全园费用的收支要起监督作用，发现问题及时处理解决。

三、按预算使用经费，各项费用来源渠道分清，专款专用。保管好各种收据、凭证，月底按时结账，月初及时报账，账目完整正确。

四、根据费用、开支标准等国家统一的有关规定，认真审核各项报销凭证，每张凭证必须有经手人、验收人及园领导签字方能报销，对不符合财务制度的收付款项，在做好宣传解释工作的基础上，有权监督拒收、拒付。

五、教工、幼儿伙食账严格分清，每月公布账单。

六、每月做好教职工工资、奖励性绩效等各种费用发放工作。每学期做好幼儿各种费用的收费、退费工作。

# 收费管理制度

为维护本园及入园幼儿的合法权益，保障幼儿园正常的保育教育秩序，依据《福建省幼儿园收费管理办法》，结合本园实际情况制定本制度。

### 一、收费制度

1. 收费项目：入园幼儿按学期收取保教费及伙食费，其他代办性服务收费，按照"确有必要，家长自愿"的原则收取。

2. 收费标准：保教费、伙食费按学期收取，保教费每人每月____元，伙食费每人每月____元。

幼儿园保育教育费采取按学期收取的办法，每个学期按4个半月计算。

幼儿园在寒、暑假期间向幼儿开放的，保育教育费采取按日收取的办法，具体按幼儿申请留园的天数计算；留园期间保育教育费日收费标准可在正常保育教育费日收费标准（月收费标准除以 22 天计算）基础上上浮 50%；幼儿在留园期间因个人原因请假的，不退还保育教育费。

幼儿园伙食费采取按学期收取的办法，不足月的按实际天数收取。

幼儿园收取的伙食费只能用于支付与幼儿膳食有关的食物、水电费（扣除成人使用的费用）和食堂员工工资，不得用于支付其他间接费用。

3. 收费时间：每学期的第一个月前 15 天内收取一学期的保教费、伙食费及其他代办费。

4. 收费方式：通过银行、手机银行、微信、网上银行等方式。

5. 幼儿因特殊原因长期不能来园者，家长应及时到园长办公室办理请假手续。

## 二、退费制度

1. 幼儿因自身原因缴费后未入学或在开学后 2 个月内（含 2 个月）要求转园、退园的，幼儿园应按缴费额的 50% 退还保育教育费；超过 2 个月转园、退园和因个人原因请假，不退还保育教育费。

2. 伙食费应单独核算，每个月向家长公布收支情况，当月盈余或超支的金额均滚动下月调整使用，每一学期结束前向幼儿家长公布结算结果，有结余的应全部退还幼儿家长。

3. 幼儿在缴纳伙食费后因故连续请假 3 天及以上的，从请假的第 2 天开始计算退膳，下一学期初直接退还幼儿家长。

4. 星期日及国家法定节假日放假不退费。

5. 代办服务性收费按实际发生予以结算，如有余额，予以退还。

# 财产管理制度

## 一、固定资产的管理

1. 固定资产起讫标准作如下规定：

①单位单价在____元以上，专用设备____元以上，耐用时间在一年以上的物品列为固定资产范围。

②单位单价不足____元，但使用时间在一年以上的批量同类财产，如课桌椅、床、办公桌、各类柜子、图书等幼儿、教师使用的固定用品，也列为固定资产。

2. 幼儿园的固定资产由保管室统一分类编号，由保障部安排人员进行油漆喷字。

3. 新增财产，应由保管员填写入库单（一式三份，保管员一份，报账员一份，附发票交报账室报销一份），保管员验收签字后，应及时建立单件电子明细卡片，做好固定资产台账，年终由保障部根据保管室提供的明细卡片内容生成固定资产报表。

4. 保管室固定资产台账，每年应与资产部门的固定资产总台账核对一次，每年幼儿园对固定资产清点一次，做到账账相符，账实相符。

5. 固定资产增加、减少、转移，须报保障部，经园部研究批准，未经同意，任何人不得自行处置。

## 二、低值易耗品的管理

1. 新购进低值易耗品时，保管员必须及时填写低值易耗品进仓单。
2. 保管员要做好低值易耗耐用品借用登记，消耗品要做好领用登记。
3. 保管室应妥善保管低值易耗品进仓单及领用单并装订成册，以便查阅。

## 三、财产的借出与赔偿

1. 教职工因办公、教学需要借用园部财产，应到保管室办理借用手续。幼儿园一切财产，任何人不得擅自外借、出租，如确实需要外借的，由借用人填写财产外借（出租）申请单，经报园部研究批准后，方可到保管室办理借用手续。

2. 批准借用的财产，要注意爱护，精心保管，按期归还。（演出服装需清洗后归还）

3. 调出人员要自觉归还自己领用和借用的公物，不得转借他人或私自拿走，否则不予办理调动手续。

4. 所有人员都要自觉爱护公共财产，如丢失、损坏和不能按期还回的，按照幼儿园索赔制度规定办理报赔手续；故意破坏或因不负责而破坏的，要追究责任，照价赔偿；情节严重者，加倍处罚。

## 四、财产的报废、变卖

1. 不能再使用和再修复使用的固定资产由使用部门向保障部提出报废申请，组织相关人员进行鉴定后，经园部研究批准，报上级资产处批准，在保管室注销台账后方可进行报废、变卖。

2. 不能再使用和再修复使用的低值易耗品（耐用品），由使用部门向保障部提出报废申请，组织相关人员进行鉴定后，经园部研究批准，在保管室注销后方可进行报废、变卖。

3. 凡要变卖的财产，经上级主管部门研究确定基础价格后，指定相关人员与幼儿园保障部根据幼儿园内定的基础价格与购方确定变卖价格再作变卖，幼儿园财产的变卖收入，均纳入幼儿园收入。

## 五、财产的移交

1. 各类财产材料使用人，因工作变动，保障部应及时组织人员办理交接手续，要求账物相符后，方能接收。

2. 移交中实行按账点物，逐件核准。凡有外借的，概由移交人追回，接收人不接收空帐。移交中发生账物不符时，移交人应写出书面报告，幼儿园作出相应的处理意见，方办理移交手续。

## 六、设施设备的保养、报修

1. 幼儿园内的大型玩具等每学期末做一次大的保养。

2. 各种电器设备：消毒柜、洗衣机、空调、电风扇、电视（一体机）、投影机、班级饮水机等每学期放假前一个月开始保养。

3. 办公室设备：电脑、摄像机、数码相机、复印机等设备，每学期初检修、保养一次，及时与供应商取得联系做好零件更换、使用时间的记录。

4. 钢琴：每年保养一次，做好调音、防潮等工作。

5. 食堂专用设备：蒸饭车、烤箱、绞肉机、豆浆机、炉灶具、消毒柜等，每学期做一次保养。

6. 广播设备：天台、活动室、广播室等处音响设备每两个月做一次保养。

7. 各项设施设备、玩具等的维修及保养都必须到保障部填写报修单。

# 班级财产管理制度

为更好地管理班级财产，防止国有资产的流失，严格财产管理制度，形成科学规范的管理模式。幼儿园对班级财产的分类、保存期限、财产交接、班级经费自购物品的管理、班级财产保管规定如下：

一、规范财产登记制度，各班主任每学年认真填写班级财产登记表，并上交电子文档。

（一）班级财产分固定财产、收纳工具、生活用品三大类。

**班级财产分类一览表**

| 财产类别 | 财产名称 | 保存期限 | 备注 |
| --- | --- | --- | --- |
| 固定财产 | 家具类 | 永久 | |
| | 电器类 | 有损坏报修，维修人员确认不能维修了才能报损领新的 | |
| | 书籍类 | 只能借用，期末需还回资料室 | 幼儿用书 |
| | 蒙氏教具、恩物 | 永久 | |
| | 万能工匠 | 永久 | |
| | 区域材料 | 永久 | |
| | 积木 | 永久 | |
| | 服装类 | 永久 | |
| 收纳工具 | 方篮 | 有破损以旧换新 | |
| | 收纳箱 | 有破损以旧换新 | |
| | 收纳盒 | 有破损以旧换新 | |
| | 收纳架 | 有破损以旧换新 | |
| | 地垫 | 三年 | |
| | 幼儿文件夹 | 一年 | |
| | 层架 | 有破损以旧换新 | |
| 生活用品 | 窗帘 | 永久 | |
| | 餐具 | 三年 | |
| | 桌布 | 有破损以旧换新 | |

续表

| 财产类别 | 财产名称 | 保存期限 | 备注 |
|---|---|---|---|
| | 保洁用具 | 按规定发放 | |

（二）各班购买的游戏材料名称应与发票上名称相同并配上图片，标注规格、型号，请勿自行给财产命名，造成核对财产时匹配不上。

二、教师们要爱护国有资产，妥善、规范保管好班级的各类物品。

三、每学年对班级财产清点一次，根据班级财产登记表对各种物品逐一核对，财产的条目和数量均正确无误，分管领导签字通过。

四、做好班级财产交接

1. 交接时间：每年8月30日之前完成班级财产交接。
2. 交接人员：原班级的三位教师（两位教师加本班保育老师）
   现班级的三位教师（两位教师加本班保育老师）
3. 交接流程：根据班级财产登记表，逐一核对财产的条目和数量，核对无误后在财产登记表上签字，原班级的三位教师签交接教师栏，现班级的三位教师签接收教师栏。对于班级财产损耗和遗失的，由原班教师在此条目的备注栏标注损耗情况和遗失数量并签字，明确责任人。

五、班级经费自购物品管理

每学期班级自购的物品需填写《班级游戏材料经费购买物品一览表》，期末固定资产按类别填写进班级财产登记表，每学期末清点一次。

# 班费管理制度

一、班费发放是为了便于班级教师灵活、自主采购班级用品，个性化开展环境创设和保教活动。幼儿园应严格按照财务管理制度对班费使用进行管理。

二、班级按标准使用班费，只能用作班级开展有意义的教育活动及必要的学习、工作、生活的集体开支，应专款专用，不能挪作他用。

三、班费使用要坚持民主、高效、节约的原则，由班级老师根据班级需要，共同确定要购买的物品，并从节约的角度出发，精打细算，适度使用。防止班费开支的盲目性。

四、班费收支明细账及发票由各班教师保存。要认真负责，坚持原则，保证账目正确、清楚、正规、安全，符合财务要求。

五、班级每两个月可将采购物品的发票交至保障部审核报销。票据应签写经办人、证明人，并注明购买时间、用途等方可报销。虚假票据和不符合要求的票据不予报销。

六、使用班费购买的非易耗物品，应作为班级的固定资产录入班级财产册，学期末由保管室人员清点审核。

七、各班要加强平时的班费使用检查工作，及时纠正本班班费使用中存在的问题。园部每学期对班费使用情况进行考评，对违规使用出现问题的一律追究责任。

八、班费使用标准：每学期班级创设费用____元，保教活动材料费____元，幼儿活动照片打印费____元。

# 财产索赔制度

一、借出的物品、书籍每学期最后两周清点归还，如有丢失损坏办理报赔手续。

二、班级老师调整时，该老师借的物品要归还或办理移交手续。

三、幼儿被褥、毛巾毯、毛毯、枕头巾等床上用品丢失，由保育员按购入价的50％赔偿。

四、幼儿用的餐具丢失，一学年差额在总数6％以下作报损处理；6％以上追究责任，由炊事员或保育员按购价的50％赔偿；杯、巾丢失量在3％以上由老师、保育员共同按购价的50％赔偿。

五、厨房用的桶、锅、盘、秤等用品丢失，由食堂管理者按购价的50％赔偿。

六、幼儿食堂仓库的粮食及副食品等盈亏数应控制在2％以下，若超过要查明原因并酌情处理；味精等袋装食品因管理不善造成亏损应照价赔偿。

七、部门、班级借用的电视机、摄像机、电脑、数码照相机等贵重物品及厨房电器设备等丢失，要查明原因追究责任并酌情赔偿。

八、个人借用的教玩具、图片、录音带、录像带等教学物品如有丢失，由经借人自购相同物品或按物品原价赔偿。

九、班级幼儿使用的固定财产每学年丢失量在10%以下作报损处理，10%以上按购价50%赔偿。

十、各班保管的桌、椅、篮子、时钟等财产，每学年盘点一次，若有丢失，由本班教师及保育员按物价50%赔偿。

十一、个人借出的杂志如有丢失按原价赔偿，借出的参考书丢失可自购书赔偿或按原价赔偿。

## 建设修缮制度

一、园舍修缮项目包括园舍主体及其内外墙面、屋面顶面、楼地面、门窗、栏杆（板）、大门、操场、道路、围墙、景观绿化、强弱电安装等建筑物及设施的加固修缮及装饰工程。

二、园舍修缮项目应根据园所事业发展需要，综合考虑园舍、设施现状及教学要求，遵循节约投资、轻重缓急、注重实效的原则。

三、园舍修缮项目采用日常维修与暑假、寒假集中维修相结合的方式进行，其中日常维修还包括应急抢修。

四、园舍修缮项目立项按资金来源的不同采用备案和审批的方式进行，日常维修项目预算不超过____元，由园部审核立项并报上级主管部门备案。维修项目预算超过____元，必须通过上级主管部门办公会议讨论，审批后方可立项。

五、严格执行项目招投标制度，围绕项目招标、设计变更、资金拨付、竣工结算等关键环节，固化工作流程，实现权力制衡，确保公开透明。

六、凡参与园舍修缮项目的人员都要秉公办事，廉洁自律，认真负责，严守制度。切实做到分权制约、责任到人，最大程度地预防工程质量安全事故、建设资金铺张浪费和职务违法违纪行为的发生。

七、如在基建与财务管理中违反本制度出现违纪违法行为的，将依法依纪追究相关责任人责任，涉嫌犯罪的，移送司法机关追究刑事责任。

## 物品采购制度

一、凡列入国家政府采购项目的物品必须经过市政府采购中心统一办理采购手续，按政府采购实施办法执行。政府采购办无法受理的物品采购要按照先看样、后报价、再订货的程序进行。单价＿＿＿＿元以上或者不足＿＿＿＿元的，但总金额达＿＿＿＿元以上要货比三家，报价也要三家对比参照，做到价廉物美，实惠耐用。

二、成立采购小组，行政副园长任组长，组员由业务副园长、总务主任、报账员担任。实行2人以上集体采购。采购小组定期召开采购会议，各部门负责人根据需要向总采购提出采购要求（包括数量、质量、品种），在时间允许的情况下参与采购工作。

三、各部门、各班组应按教育教学实际需要提出每学期物品（设备）采购计划，填写购物申请单，经幼儿园领导研究审批同意后，由园集体采购小组成员实行采购。

四、物品采购必须由经办人、保管员（验收人）和园长"一支笔"审批三方签字方可报销。

五、计划外因临时或突击性任务急需采购的物品（单价＿＿＿元以上），需经园领导研究同意后实施采购。

六、物品采购应本着勤俭节约、讲求质量的原则，自觉抵制不正之风，如有折扣应全部交园财务纳入幼儿园收入。

## 档案管理制度

一、注意保守机密，严格遵守国家规定的保密守则。
二、接收、移出的档案和收发文件要严格办理交接登记手续。
三、借阅文件必须按照规定办理借阅手续。
四、不准擅自复制、抄录文件，不准擅自销毁文件，若需销毁，要经领导批准，由两人监销。

五、档案管理员应熟悉所藏档案的情况，积极做好提取利用工作。

六、在档案整理过程中，应按照分类立卷、卷内文件整理、编写目录、案卷封面、案卷装订等基本程序做好相关工作。

七、每月定期对档案资料进行检查，并做到八防：防火、防盗、防光、防鼠、防尘、防潮、防虫、防高温。

# 信息保密制度

为加强我园互联网发布信息的保密管理，确保国家秘密安全，根据《中华人民共和国保守国家秘密法》、国家保密局《计算机信息系统保密管理暂行规定》《计算机信息系统国际互联网保密管理规定》，结合幼儿园实际，制定本制度。

一、计算机信息发布、传输的保密管理工作坚持"谁上网，谁负责"和"上网信息不涉密、涉密信息不上网"的原则。向网站提供或发布信息，以及在互联网、微信平台等媒介上发布的信息，是向社会公开、让公众了解和使用的信息，必须经由园领导审核批准。

二、各部门、个人提供的信息要准确、规范，符合国家保密和安全管理的规定，除新闻媒体已公开发表的信息外，网上发布的信息应确保不涉及国家秘密。

三、上网信息的保密管理坚持"谁上网，谁负责"的原则，在网上发布任何信息及对网上信息进行维护或更新，都应当认真执行信息保密审核制度，必须经过严格审查，确保保密信息不上网。园党支部应担负起网上保密的检查职责，发现问题，及时处理。

四、使用公共信息网的用户，应当遵守计算机安全、保密的相关法规。不得利用公共信息网从事危害国家安全、泄露国家秘密的违法犯罪活动。

五、园部计算机使用人员必须遵守国家有关法律，任何人不得利用计算机从事违法活动。未经园部批准，不得对外提供内部信息和资料以及用户名、口令等内容。

六、我园任何个人不得利用网站、网页上开设的电子公告系统、聊天室、论坛等发布、谈论和传播国家秘密信息。幼儿园内部工作秘密、内部资料等，虽不属于国家秘密，但应作为内部事项进行管理，未经园部批准不得擅自发布。

七、信息部人员要强化监督与管理，应加强网络信息保密管理，确保在公共信息网上不发生秘密泄露事件。发现泄露秘密的，应及时汇报，采取补救措施，并向上级单位报告。

八、禁止网上发布信息的基本范围：1. 标有密级的国家秘密；2. 涉及国家安全、社会政治和经济稳定等敏感信息；3. 标注有"内部文件（资料）"和"注意保存（保管、保密）"等警示字样的信息；4. 幼儿园认定为不宜公开的内部办公事项。

九、不得利用网络从事危害国家安全、泄露国家秘密等违法犯罪活动，不得复制、查阅、传播反动、色情、邪教等有害信息。

十、由园部信息部负责对办公计算机系统的安装和设备的维护维修工作，严禁使用者私自安装与擅自拆卸计算机设备。

十一、各部门、个人不得私自变卖、赠予、销毁报废计算机，计算机的报废需由信息部上报上级主管部门后，由园部后勤人员负责定点销毁。

十二、移动储存介质包括移动硬盘、软盘、U盘、光盘、磁带及各种存储卡。非涉密移动储存介质禁止以任何形式存储或传输涉及国家秘密和工作秘密的信息。园部移动储存介质严禁借给外单位使用。

十三、非涉密移动存储介质不能与涉密移动存储介质相混用，严禁将私人移动存储介质带入本园专网内使用。禁止在涉密与非涉密计算机之间进行移动存储介质数据交换。

十四、对于违反本规定，发生泄密事件的，将视情节轻重追究责任。

# 电教设备管理制度

电教仪器、设备及电教教材、资料是提高教育教学质量的重要物质条件，管好、用好电教设备、资料是每个教师应尽的责任。

## 一、仪器设备保管制度

1. 严格实行借用、归还、验收制度。要严格履行各种设备的入库及借用手续，借用需办借用手续，由借用人验收；用后归还由管理人员验收，并记载完好情况，如有损坏应查明原因，及时处理。如使用设备有冲突，由使用部门协商解决，或由保障部协调。

2. 各种物品要分门别类进行存放和保管，对于易损坏变形的器材要特殊保管。物品保管室、保险柜灯等要做好通风、防尘、防火、防盗、防潮工作，保证设备存放安全。

3. 所有的电教设备要及时建立技术档案，进行编号，分类登记，不得丢失、损坏，保证配套使用。

4. 各班级负责人开学初登记领取需要使用的电教配套设备，使用过程中做好保管工作，期末归还，如有丢失、损坏的，视情节轻重情况给予批评教育或酌情折价赔偿。

5. 定期向保障部电教负责人书面汇报设备的管理和使用情况，并根据教学需要请示给予必要的增添和补充。

6. 管理人员变动时，必须严格办理清点、移交手续。

### 二、仪器设备使用制度

1. 所有电教设备均应有专人负责统一管理，如需借用，及时做好使用情况记录。

2. 精密贵重设备应专人使用，不得擅自进行业务以外的任何作业，更不得擅自转借。

3. 新置设备使用前，必须认真阅读使用说明书，掌握操作使用方法后方可使用。遇有设备故障，应及时上报，写明原因，送技术部门检查，不得擅自动手拆修。

4. 电教设备一律不得外借，如因工作需要外借时，须经主任批准，贵重设备须经主管园领导批准，并办理相关手续后方可外借，如有损坏应照价赔偿。

5. 班级活动室、办公室的电教设备在使用过程中，应做好日常维护和清洁工作，遇到技术问题及时反馈给电教部门。

6. 严禁任何人将电教设备用于接收、散布谣言和小道消息，以及宗教文化等相关信息；严禁录制、播放淫秽录音录像。

7. 加强设备存放处的安全防范，每天下班前必须检查电源，配备必要的消防器材，做好防火、防电、防盗等工作。

### 三、仪器设备维护制度

1. 电教设备、器材应定期维护、检查，以保证正常使用。同时根据实际工作需要与技术发展，对电教设备仪器及时进行系统升级、提高相应配置，以便更好地投入使用。

2. 使用时，遇有出现故障，应立即停机断电，对现场无法排除的故障，应报主管领导，并及时送维修部门检修，不得擅自拆修。

3. 设备检修要做好检修记录，以便今后查阅。

4. 必须送外维修的设备、器材，由管理人员负责送达和取回。维修好的设备、器材要及时送回保管和使用部门的人员，不得积压堆放，以免影响使用。

5. 电教设备管理人员必须加强业务学习，提高管理水平，勤检查，善保养，损坏部件能修理的要及时维修或添置，使设备性能处于良好状态。

# 电教设备赔偿制度

一、严格实行赔偿制度。因对某些设备性能不熟悉，违反操作规程而造成损坏的，要根据情节轻重和设备能否修理等情况赔偿部分或全部。因责任心不强保管不善或不按规程操作，造成损坏的，要追究责任。可修复的，由当事人承担全部维修费用；不能修复的、丢失的或人为损坏的，要照价按新旧程度折扣赔偿。

（赔偿金额依据：当年购买的按原价 80% 赔偿；1 至 3 年购买的按原价 50% 赔偿；3 至 5 年及以上的按原价 20% 赔偿）

二、对于不易买到的电教器材，在使用过程中造成非正常损坏或丢失的，应按原价赔偿。

三、由于自然灾害等不可抗拒的原因，意外造成损坏或丢失的，上报学校或教育主管部门，研究同意后，可免于赔偿。

四、由于器材老化而造成的损坏，请使用人及时填写器材汇报单，交电教管理部门，确保机件及时更换，维修要留有记录。

五、凡损坏、丢失的设备、资料，应先报备信息部，价值_____元以上的由分管领导进行事实认定，园长签字，及时登记落账。

六、做到账目、橱签、标签、实物四统一，每学年清资核账一次，健全电教设备账目。

七、所有电教设备，只能用于教育、教学，专事专用，不得挪作私用，不得借出。特殊情况借出，须经园领导批准。

# 第三部分　工作流程

一、党群行政工作流程

（一）党群类

## 发展党员工作流程

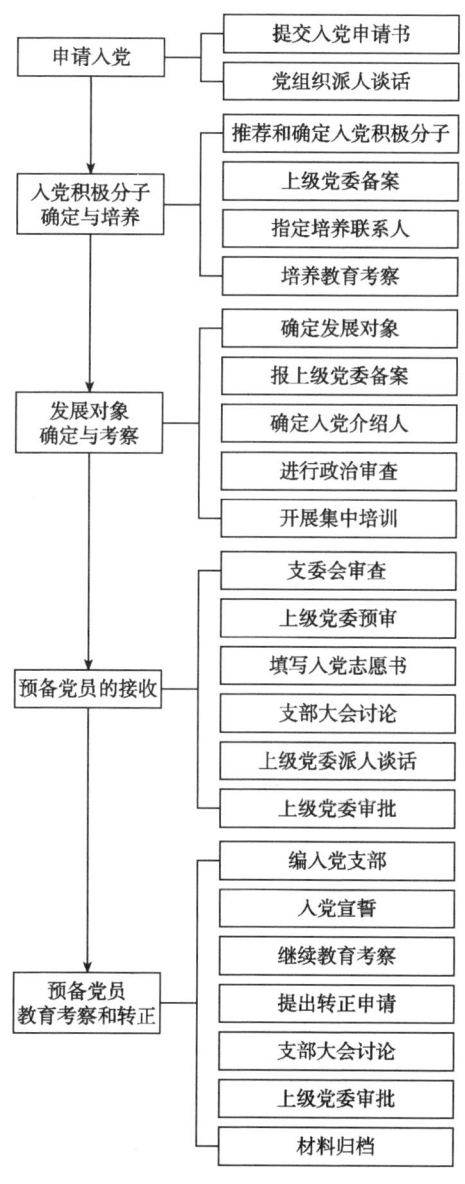

# 教代会组织流程

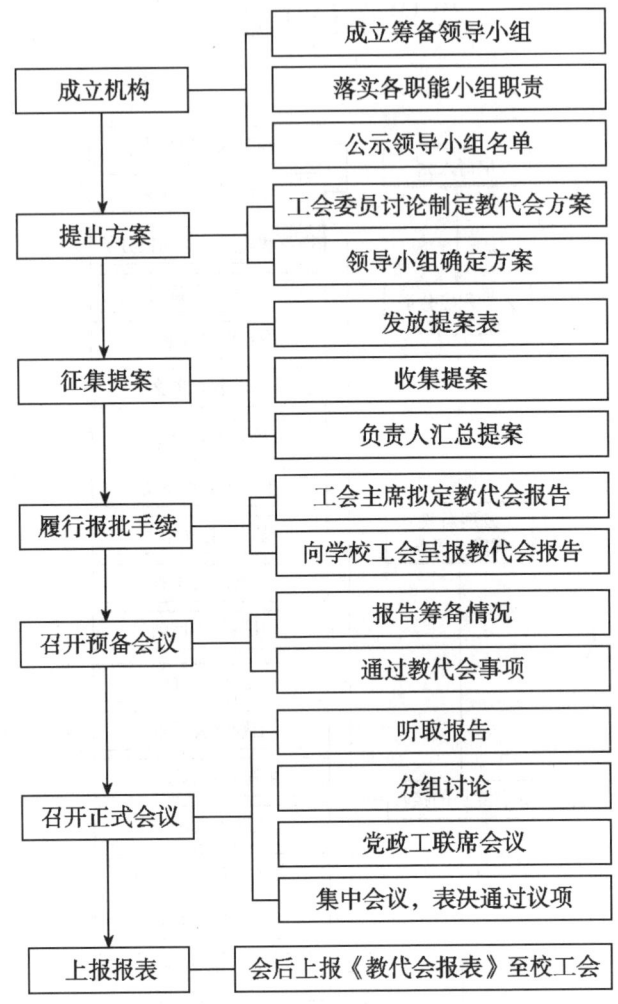

## （二）行政类

### 各类会议工作流程

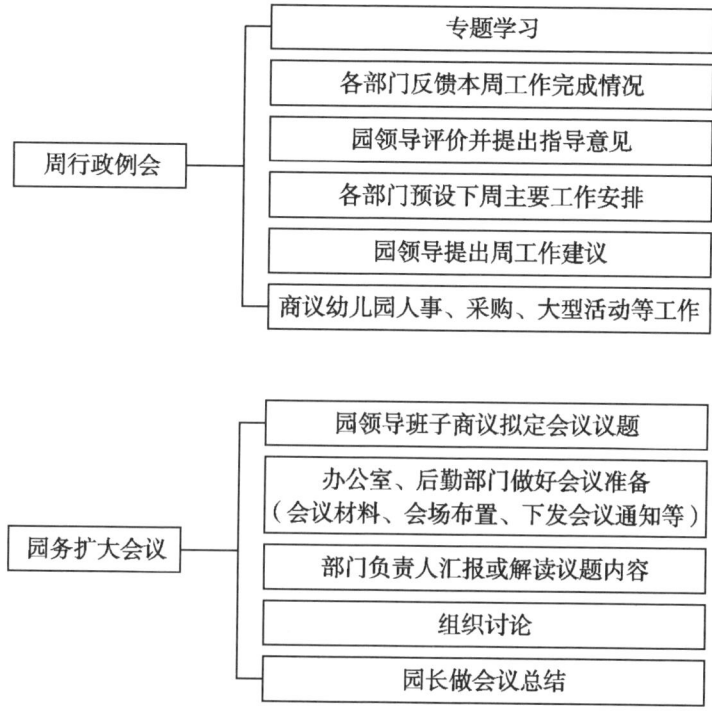

### 建立规章制度工作流程

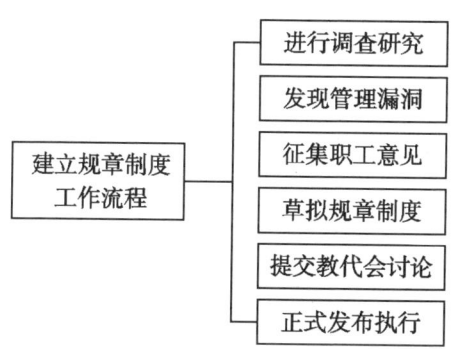

## 职工绩效考核流程

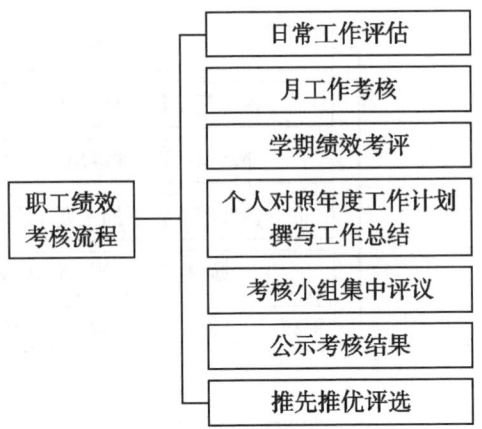

## 岗位竞聘工作流程

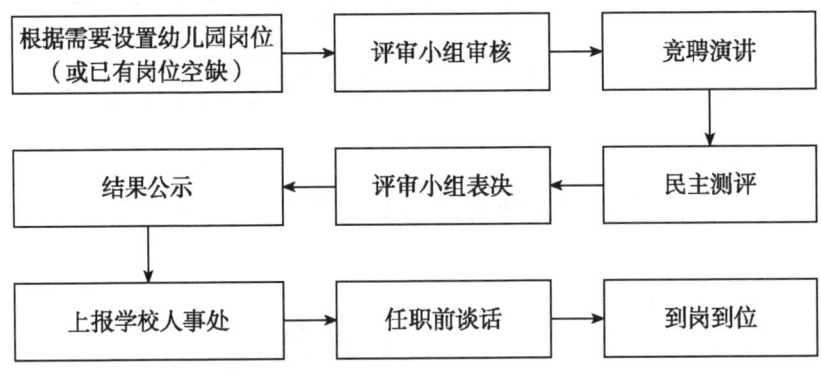

# 员工招聘流程

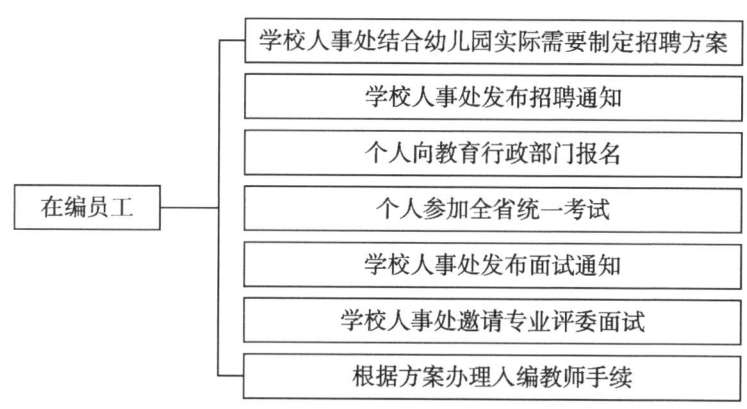

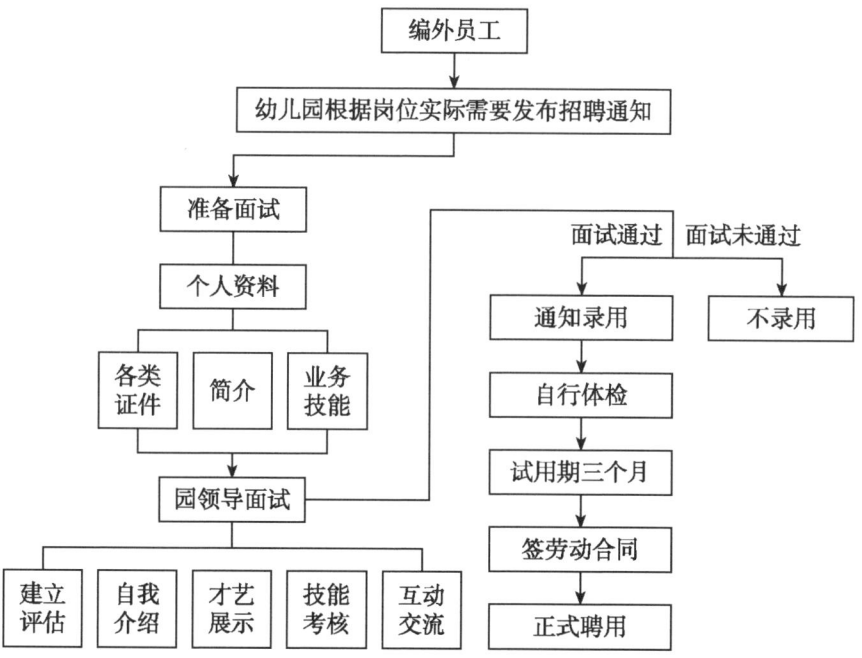

# 对外接待流程

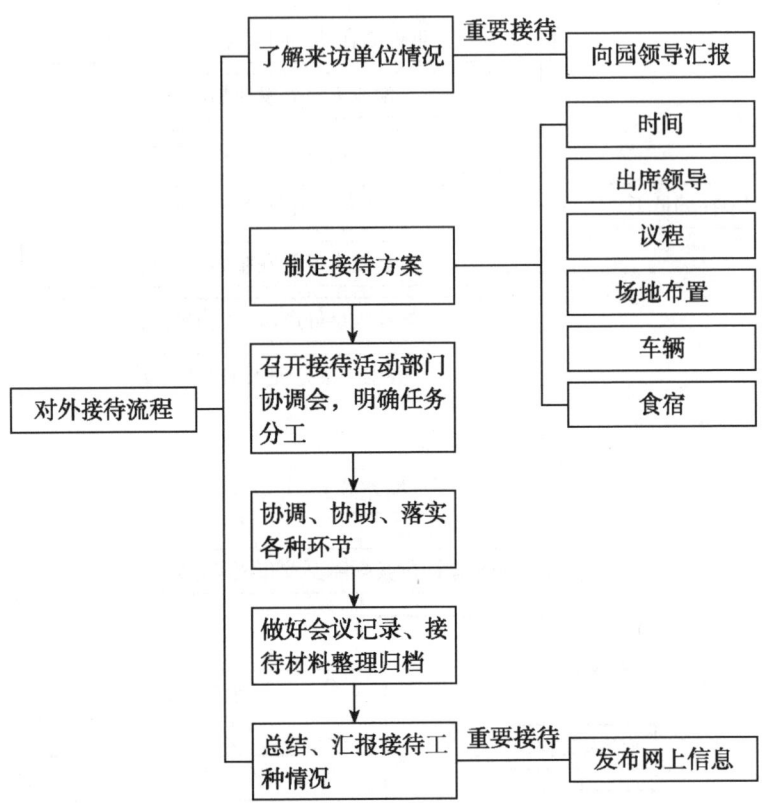

## 网络信息发布流程

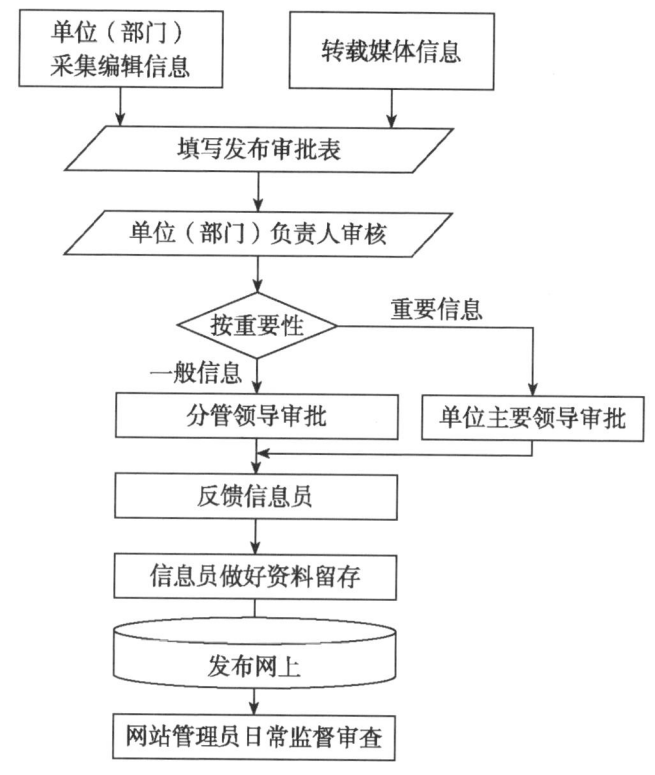

## 请假销假流程

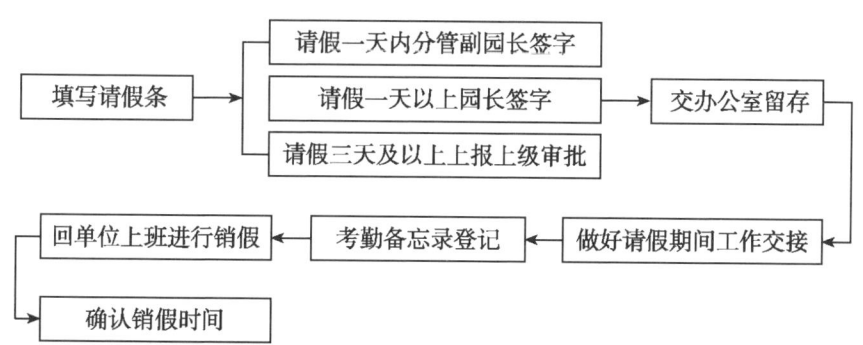

# 档案归档流程

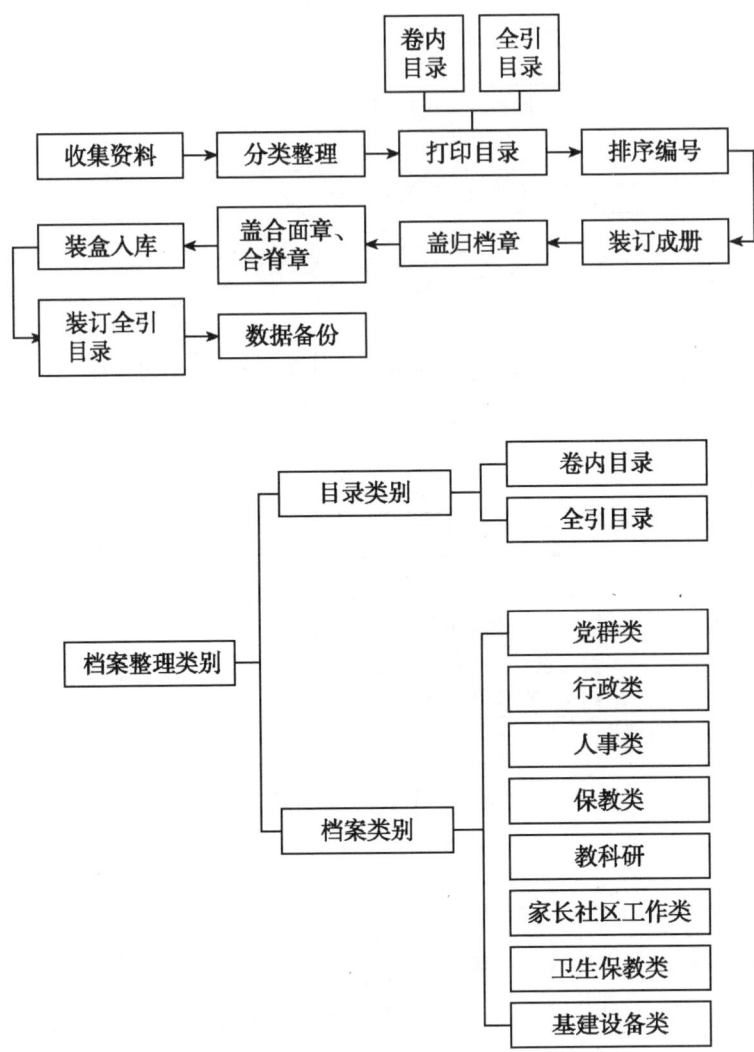

## 二、教育教学工作流程

### （一）保教类

## 大型活动组织流程

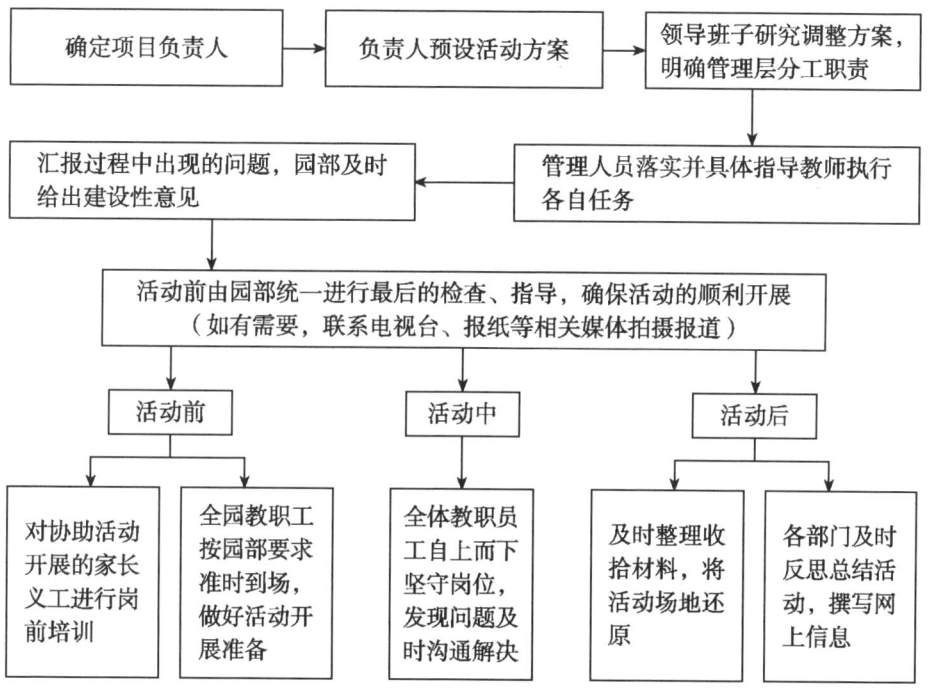

# 外出实践活动流程

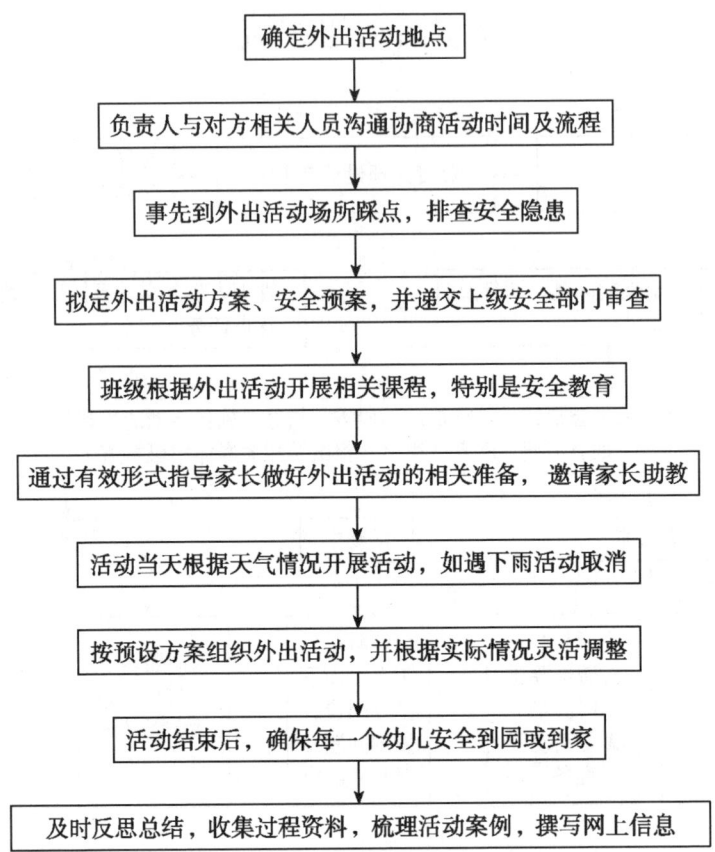

# 年段特色活动流程

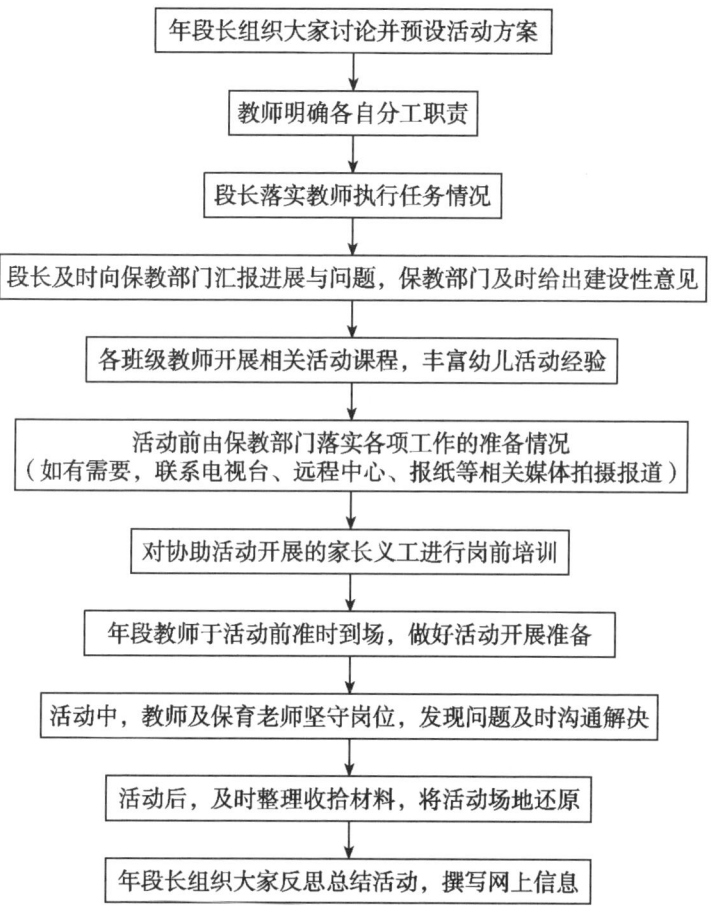

## 功能室预约流程

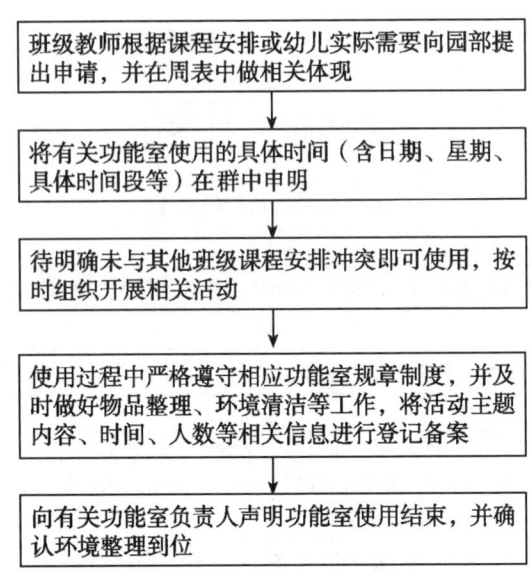

## 来园接待流程

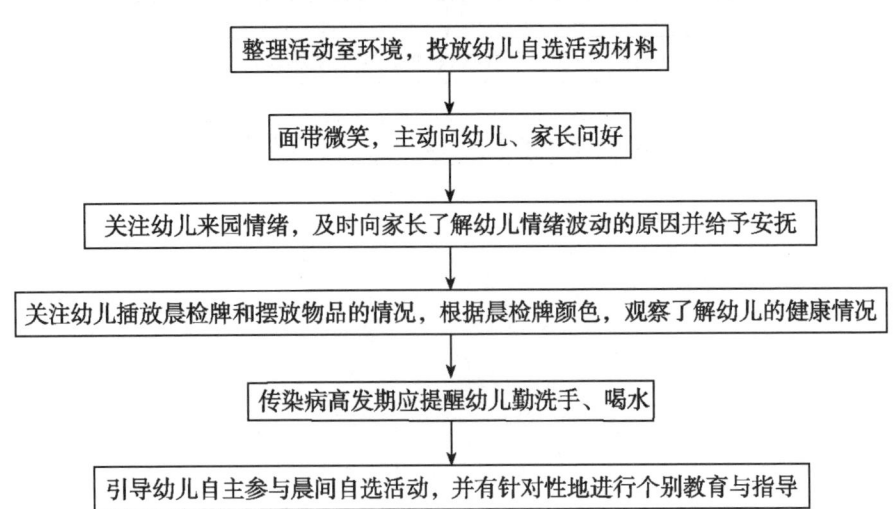

# 离园接待流程

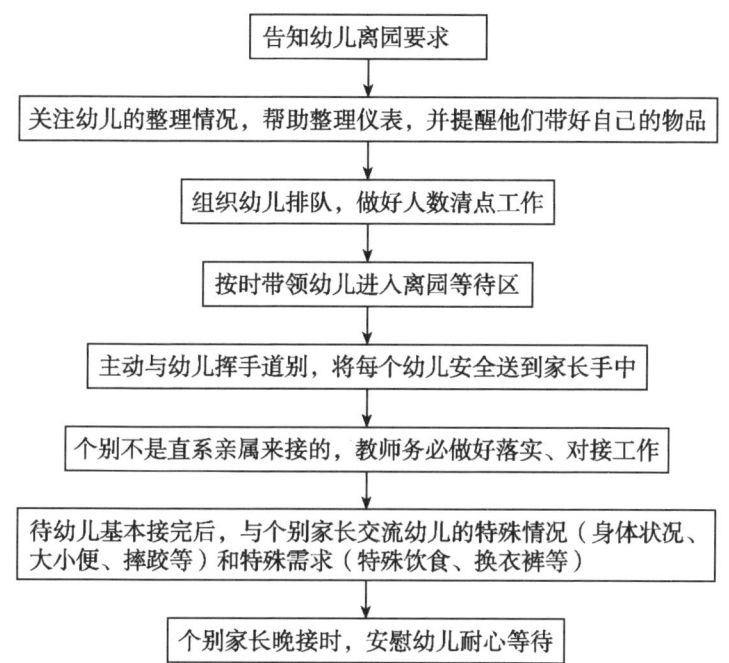

# 自助餐活动流程

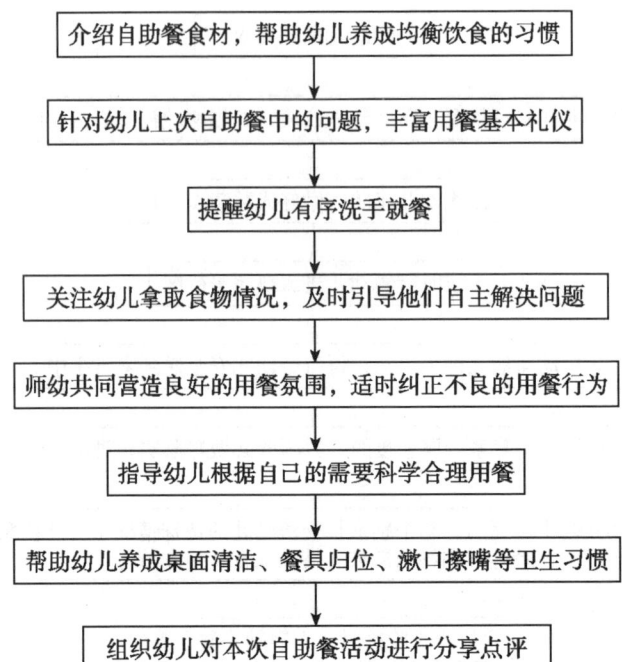

# 保育工作一日流程

小班保育员一日工作流程

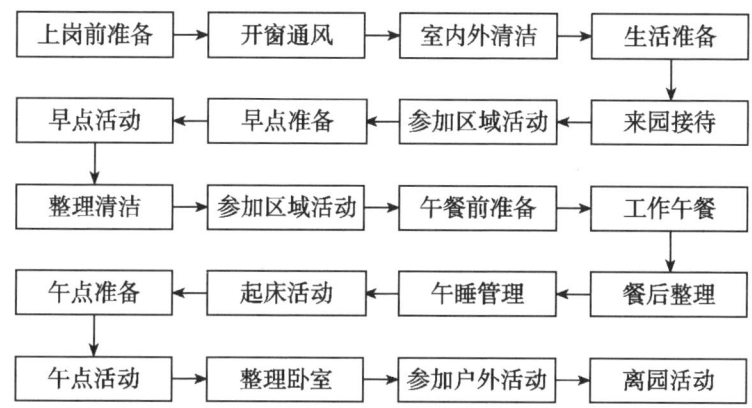

中、大班保育员一日工作流程

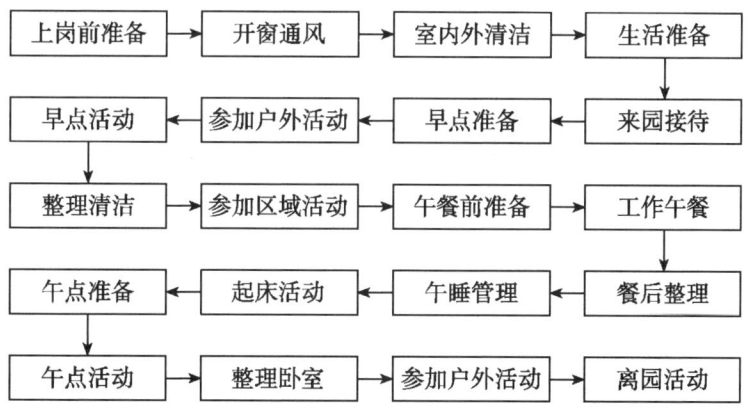

(二) 教研类

## 微课题研究流程

每学年初，园部制定"微课题研究指南"

↓

教师结合自身研究特长、兴趣以及园部"微课题研究指南"，于九月中旬初步确立研究方向

↓

教师进行文献查阅、确定微课题名称、研究目标、研究内容、研究方法，九月下旬上交"微课题研究申报表"

↓

园部将课题研究方向相关的教师组成"研究共同体小组"，组织开展"微课题研究沙龙"，聘请园外专家指导研究计划的可行性、科学性

↓

教师根据"研究共同体小组"建议，修订完善"微课题研究计划"，一周内上交科研部

↓

教师制定阶段研究重点（两个月为一阶段），并予以实施

↓

每学期末，教师填写"微课题中期检查表"，根据具体情况，结合期末保教经验分享，进行全园交流

↓

每学年末进行研究小结，并以PPT汇报、现场展示等方式汇报研究阶段成果

↓

教师及时梳理研究成果，向有关教育刊物、幼教研究会等学术团体投稿、参加评选

## "一课三研"流程

- 选择领域教学内容：新手教师根据园部指定领域或基于对本班幼儿发展需求的分析，选择领域教学的内容

- 预设教学活动计划：新手教师初步撰写教学活动计划，与指导教师进行互动、调整，确定一研时间

- 一研：新手教师联系指导教师现场观摩指导，以借班或分组教学的形式进行执教，指导教师互动指导后调整活动方案

- 二研：新手教师实施调整后的活动方案，继续以借班或分组教学的形式进行执教，指导教师互动指导后再次调整、优化活动方案

- 三研：新手教师面向全园教师开放领域观摩活动，执教后进行说课，听课教师进行评课、议课

### （三）家教类

## 家访工作流程

- 班级教师提前熟悉幼儿家庭地址分布及受家访的适宜时间等情况，预设班级家访进度安排、人员分工、家访内容、材料准备及路线图设计

- 班级教师提前告知家长家访的时间、教师信息、行程安排、到访时间及家长需要的准备工作等

- 按行程安排及时到各家庭访问，做好与幼儿熟悉、家长访谈等沟通事宜，并在衔接过程中，提早通知下一家的受访家庭

- 及时填写《家访记录表》，汇总有关调查或访谈资料，及时存入班级保教档案

- 根据家访实际情况，结合个体需要可进行后续的再次访谈或交流

## 家长助教流程

```
┌─────────────────────────────────────────────────┐
│ 结合班级、年段、园部的节庆、户外游戏、社会实践等活动 │
│ 组织的需要，向家长介绍"家长助教"活动的意义及解读方 │
│ 案，鼓励有意愿的家长积极报名参加班级家长助教活动   │
└─────────────────────────────────────────────────┘
                        ↓
┌─────────────────────────────────────────────────┐
│ 根据活动安排，进一步与具体活动的家长助教进行详细沟 │
│ 通，包括活动时间、内容、组织形式、人员分工、注意事项 │
│ 等，以便家长做好有关准备工作                      │
└─────────────────────────────────────────────────┘
                        ↓
┌─────────────────────────────────────────────────┐
│ 活动过程中，教师积极支持、指导家长完成有关工作，对 │
│ 有困难的家长进行及时沟通、了解，并给予适时的支持   │
└─────────────────────────────────────────────────┘
                        ↓
┌─────────────────────────────────────────────────┐
│ 家长助教活动结束后，及时向家长表示感谢，并给予积极的 │
│ 肯定反馈，也鼓励家长分享自己的收获与感受，做必要的记 │
│ 录与存档                                         │
└─────────────────────────────────────────────────┘
```

# 特殊行为幼儿应对流程

班级教师在日常保教活动中,对表现异常的幼儿行为进行持续观察记录,时长至少两周,行为信息记录客观、详实、连续,过程中与家长进行必要的沟通,增进对幼儿有关信息的了解

↓

教学园长或保教主任了解班级教师的观察信息,并到班级现场进行至少一个半日的观察了解,记录幼儿的行为表现,并做相关解读分析

↓

教学园长或保教主任与班级教师针对幼儿情况进行交流、讨论,并制定与家长进一步沟通交流的相关策略,同时将有关情况及时向园长反馈

↓

班级教师约谈家长,教学园长或保教主任参与,反馈幼儿情况,观察家长反应,建议家长结合教师的反馈,带幼儿到正规的专业机构进行咨询,结合专家诊断意见进行后续的必要检测与辅导

↓

根据专业机构出具的诊断报告,在确保幼儿自身及其他幼儿安全的前提下,商讨幼儿来园续读、陪读或停学观察等有关具体处理方案

↓

两周后,如幼儿行为仍未改变,如实向教学园长汇报相关情况,申请园部介入,协助处理,并做有关意见定夺

## 三、后勤保障工作流程

### （一）安全类

## 幼儿事故报告流程

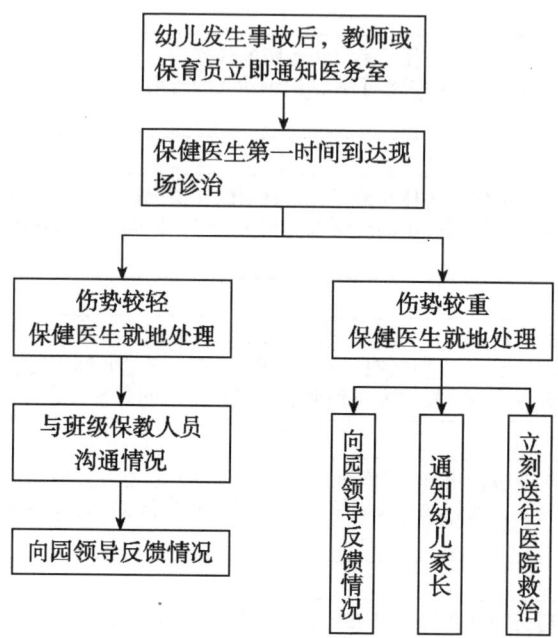

## （二）卫生保健类

## 疫情防控流程

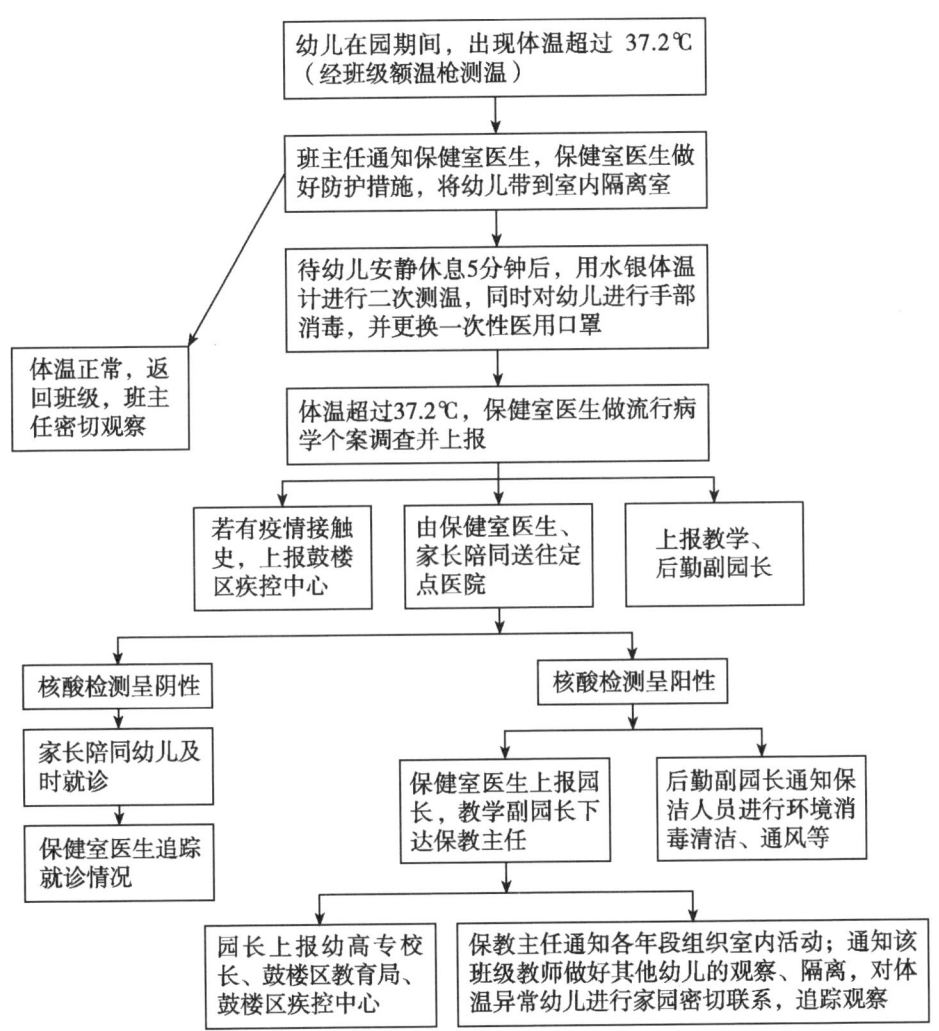

# 班级卫生消毒流程

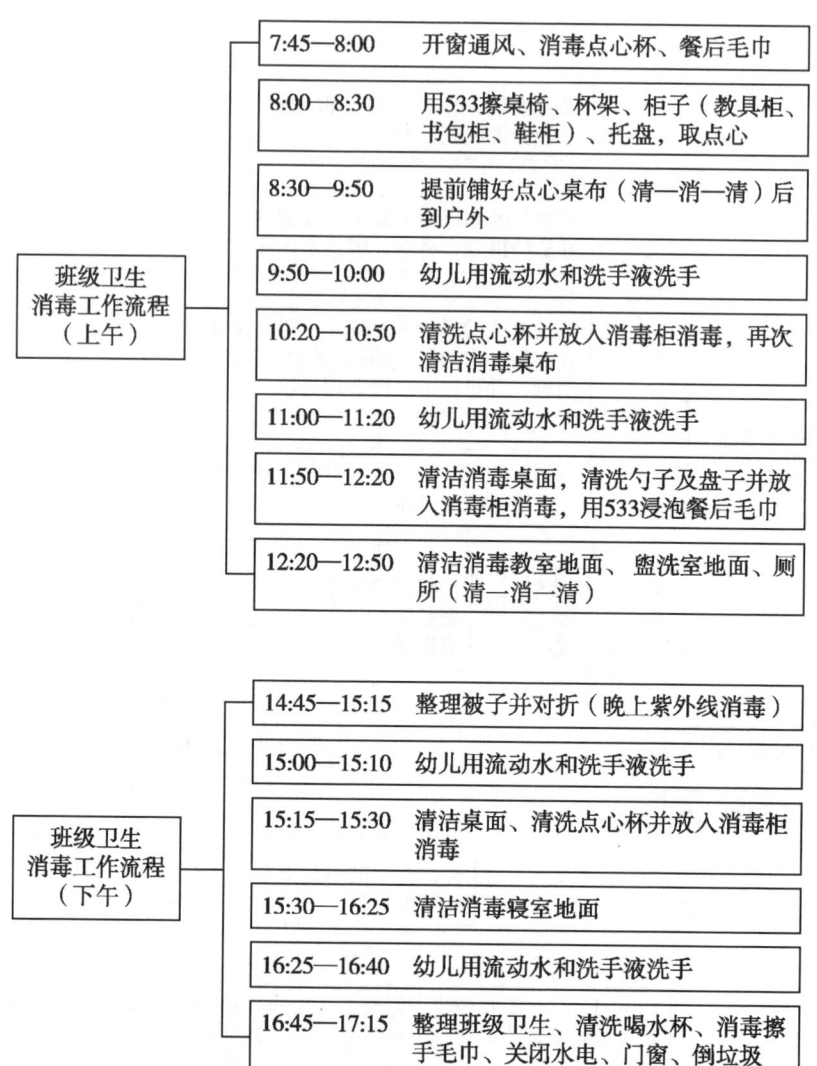

| 班级卫生消毒工作流程（上午） | 时间 | 内容 |
|---|---|---|
| | 7:45—8:00 | 开窗通风、消毒点心杯、餐后毛巾 |
| | 8:00—8:30 | 用533擦桌椅、杯架、柜子（教具柜、书包柜、鞋柜）、托盘，取点心 |
| | 8:30—9:50 | 提前铺好点心桌布（清—消—清）后到户外 |
| | 9:50—10:00 | 幼儿用流动水和洗手液洗手 |
| | 10:20—10:50 | 清洗点心杯并放入消毒柜消毒，再次清洁消毒桌布 |
| | 11:00—11:20 | 幼儿用流动水和洗手液洗手 |
| | 11:50—12:20 | 清洁消毒桌面，清洗勺子及盘子并放入消毒柜消毒，用533浸泡餐后毛巾 |
| | 12:20—12:50 | 清洁消毒教室地面、盥洗室地面、厕所（清—消—清） |

| 班级卫生消毒工作流程（下午） | 时间 | 内容 |
|---|---|---|
| | 14:45—15:15 | 整理被子并对折（晚上紫外线消毒） |
| | 15:00—15:10 | 幼儿用流动水和洗手液洗手 |
| | 15:15—15:30 | 清洁桌面、清洗点心杯并放入消毒柜消毒 |
| | 15:30—16:25 | 清洁消毒寝室地面 |
| | 16:25—16:40 | 幼儿用流动水和洗手液洗手 |
| | 16:45—17:15 | 整理班级卫生、清洗喝水杯、消毒擦手毛巾、关闭水电、门窗、倒垃圾 |

备注：

1. 杯子分两套，喝水杯和点心杯。毛巾也分两套，餐后毛巾和擦手毛巾。
2. 每天晚上21:30—22:30，各班级教寝室进行紫外线消毒。

3. 幼儿被褥每半个月带回家清洗晾晒。
4. 市消毒站每周三和周天进行两次蚊虫消杀，每周六进行大环境灭菌。

## 晨午检及全日观察流程

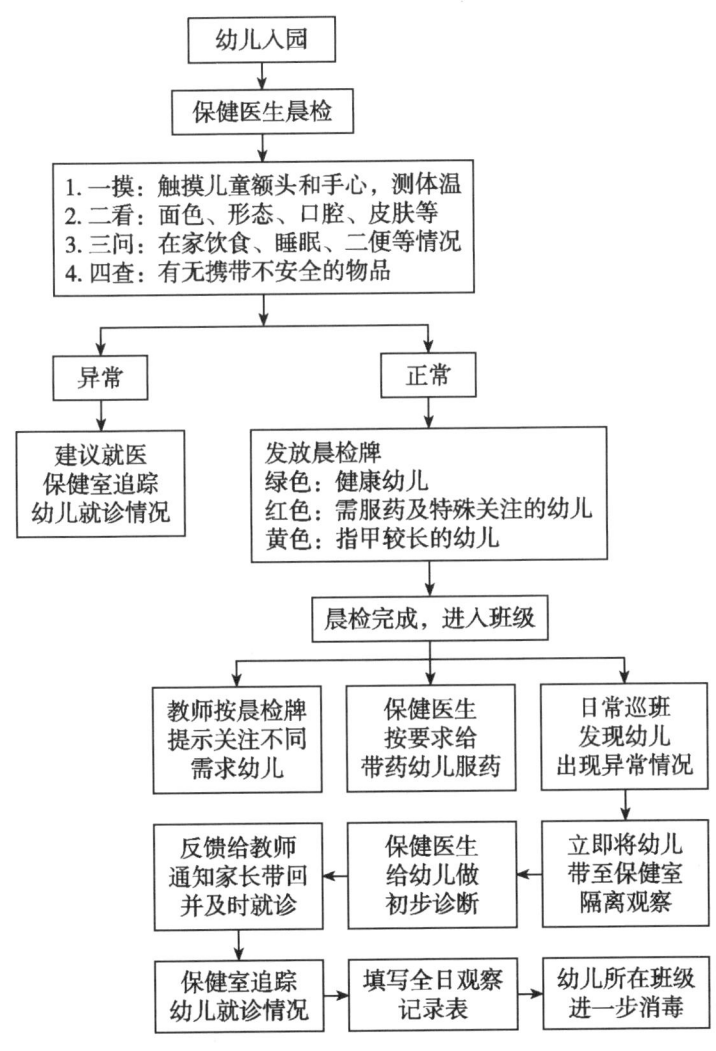

（三）膳食类

## 食品留样流程

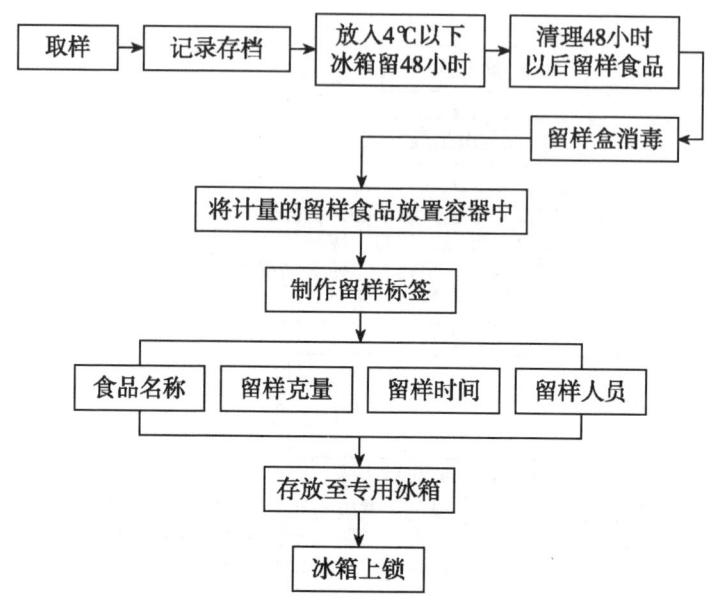

## 食物加工流程

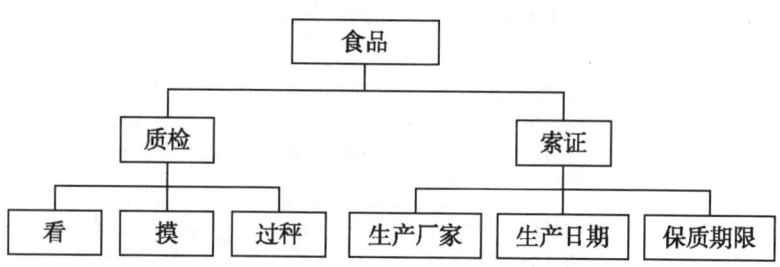

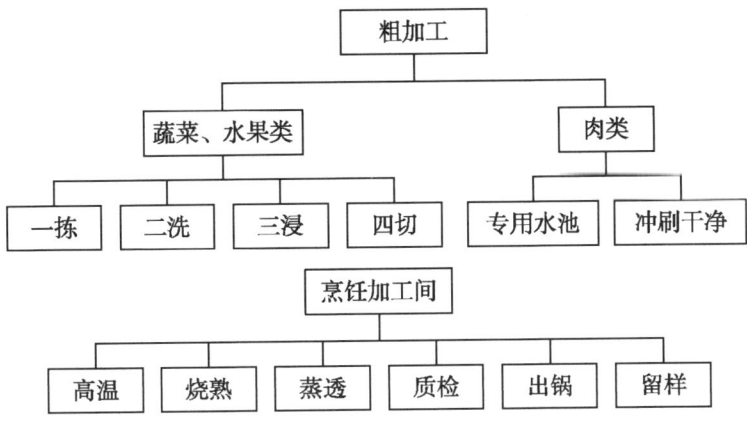

## 食堂盘仓流程

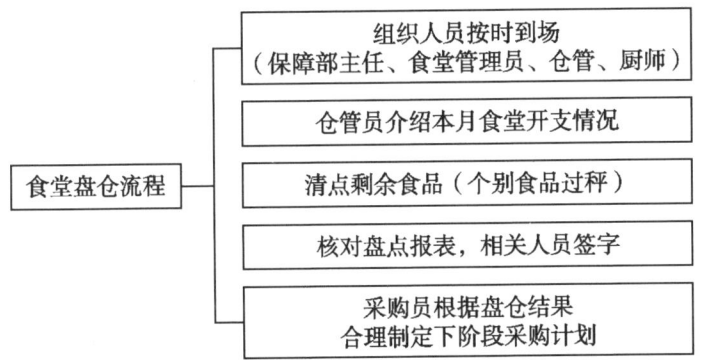

## 餐具洗消流程

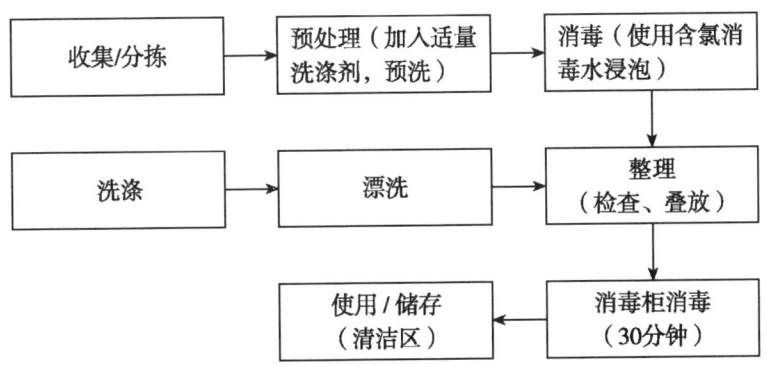

（四）财产财物类

## 缴退费工作流程

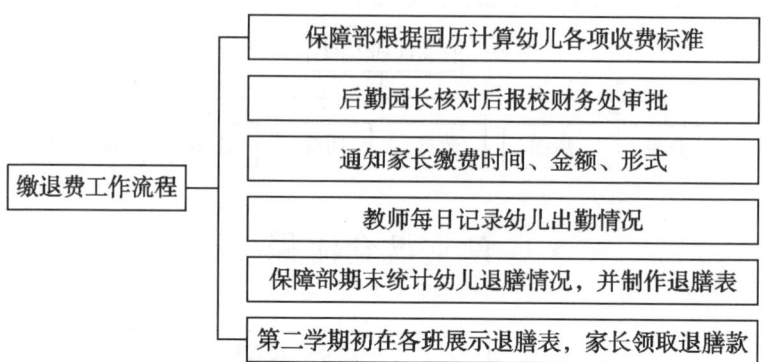

## 经费报销流程

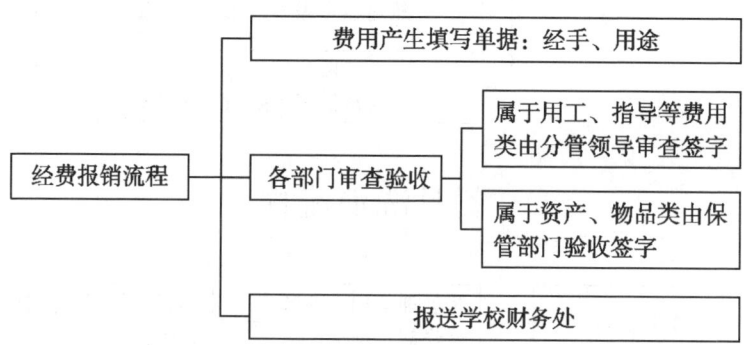

## 财务报账流程

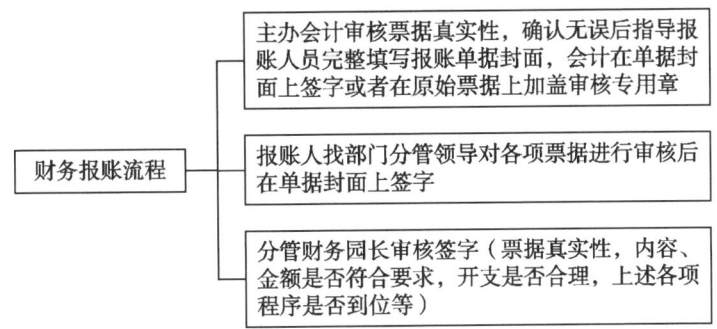

## 设施设备修缮流程

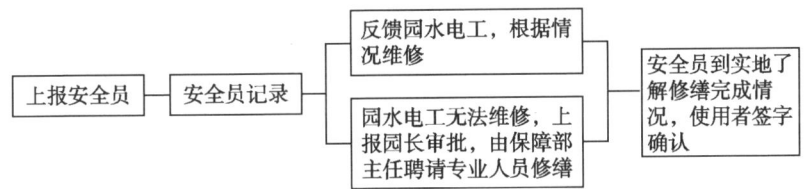

## 物品采购流程

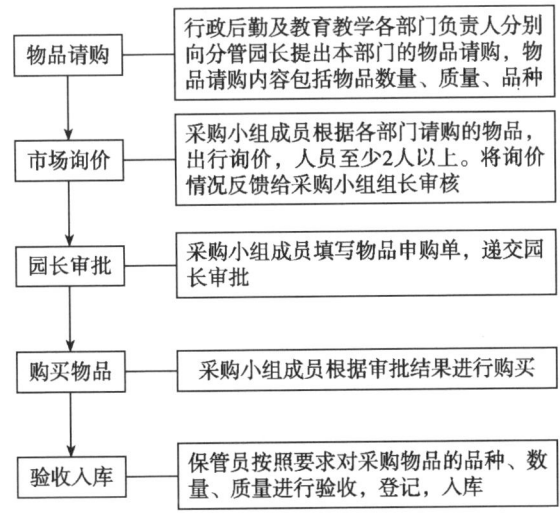

## 固定资产清查流程

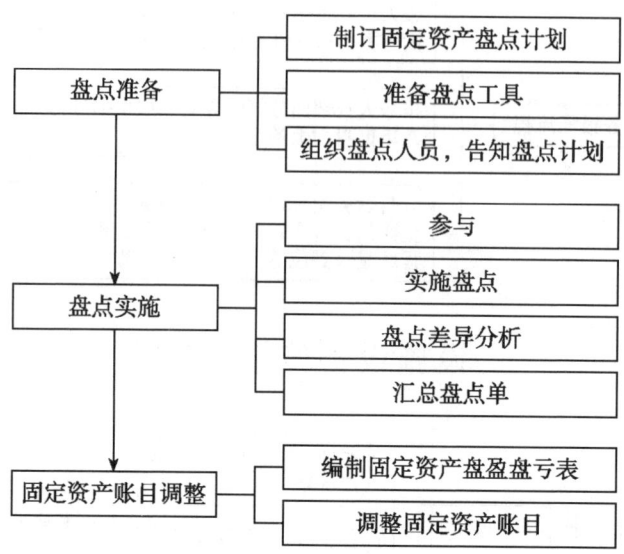

## 固定资产处理流程

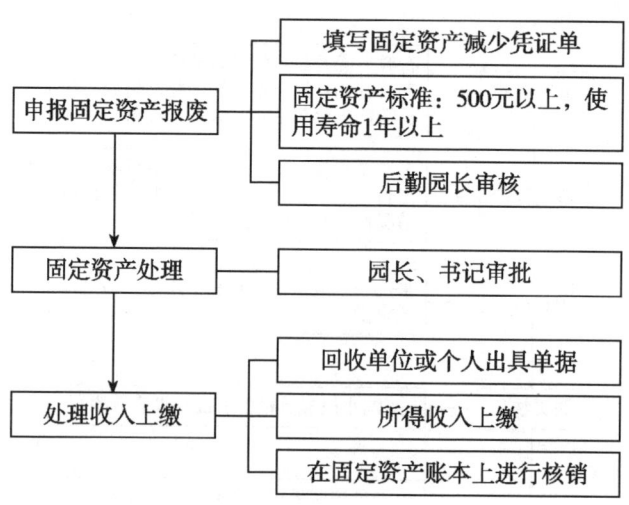

# 基建建设流程

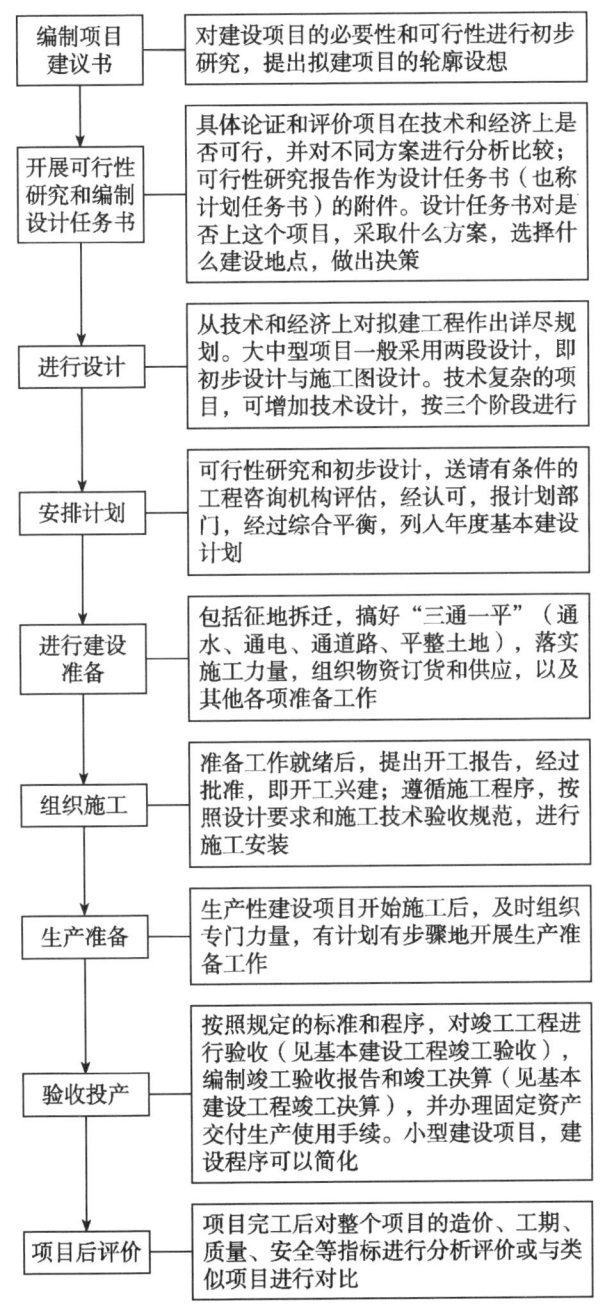

# 第四部分　工作表格

# 一、党群行政工作表格

## （一）党群类

# 民主评议党员登记表

（××××年度）

| 姓名 | | 出生年月 | | 入党年月 | | |
|---|---|---|---|---|---|---|
| 所属支部 | | | 党内或行政职务 | | | |
| 自我评价 | \multicolumn{6}{l}{ 自评等次：<br><br>签名： } |
| 民主测评情况 | 参加投票人数 | 得票情况 | | | | |
| | | 优秀 | 合格 | 基本合格 | 不合格 | |
| | | | | | | |
| 党支部意见 | \multicolumn{6}{l}{ （盖章）<br>年　月　日 } |
| 党总支意见 | \multicolumn{6}{l}{ （盖章）<br>年　月　日 } |
| 基层党委意见 | \multicolumn{6}{l}{ （盖章）<br>年　月　日 } |

# 支部立项活动申报表

| | | | |
|---|---|---|---|
| 党支部名称 | | | |
| 项目名称 | | | |
| 项目负责人 | | 联系电话 | |
| 党支部党员数 | | 参加人数 | |
| 项目起止时间 | | | |
| 项目实施方案 | （用 A4 纸格式详细说明活动的方案设计，以及落实的措施、预期达到的效果和持续开展的规划） | | |
| 活动经费<br>预　　算 | | | |
| 党总支<br>推　荐<br>意　见 | （盖章）<br>　　　年　　月　　日 | | |
| 审批结果 | （盖章）<br>　　　年　　月　　日 | | |
| 备　注 | | | |

# 第____届教职工大会第____次全体会议提案表

提案编号：　　　　　类别：

| 提案人 | 姓名 | | 附议人 | 姓名 | |
|---|---|---|---|---|---|
| 提案内容（包括问题、整改建议等） | | | | | |
| 提案人签名 | | | | | |
| 提案工作小组意见 | 提案组：<br>　　年　　月　　日 | | | | |

## （二）行政类

# ____—____学年（上/下）期第____周主要工作安排表

（_____年_____月_____日—_____年_____月_____日）

| 本周工作重点 | 1. 党群工作：<br>2. 行政工作：<br>3. 教育教学：<br>4. 后勤工作：<br>5. 安全工作： | | | |
|---|---|---|---|---|
| 日期 | 活动内容 | 参加人员或负责人 | 时间 | 地点 |
| ___年___月___日<br>（星期一） | | | | |
| ___年___月___日<br>（星期二） | | | | |
| ___年___月___日<br>（星期三） | | | | |
| ___年___月___日<br>（星期四） | | | | |
| ___年___月___日<br>（星期五） | | | | |
| ___年___月___日<br>（周末） | | | | |

# 幼儿园_____工作会议记录表

| 会议主题 | | | |
|---|---|---|---|
| 会议时间 | | 会议地点 | |
| 会议主持 | | 会议记录 | |
| 参加人员 | | | |

会议内容：

# _____部门检查工作记录表

| 时间 | | 内容 | | 记录人 | |
|---|---|---|---|---|---|
| 情况记录 | | | | | |
| 指导建议 | | | | | |
| 落实情况 | | | | | |
| 备注 | | | | | |

# 行政值班记录表

(___—___学年___学期)

| 时间 | ___月___日（星期___） | 值班人员 | |
|---|---|---|---|
| 入园环节 | | | |
| 午巡情况 | | | |
| 校园环境 | | | |
| 离园环节 | | | |
| 备注 | | | |

# _____（部门）月工作汇报表

汇报人：　　　　　　　　　　　　　　　　　　　　　　_____年___月___日

| | |
|---|---|
| 本月工作要点 | 1.<br><br>2.<br><br>3.<br><br>4. |
| 下月工作重点<br>（预设） | 1.<br><br>2.<br><br>3.<br><br>4. |
| 存在问题和需要的支持 | |

# 活动室"6S"管理周检查表

部门:　　　　　负责人:　　　　　责任人:

| 序号 | 改善项目 | 检查标准 | 评价 |
|---|---|---|---|
| 1 | 桌椅台柜 | 1. 桌椅摆放整齐,擦拭干净<br>2. 玩具柜等无积尘、无杂物<br>3. 多媒体柜无积尘、杂物,规范摆放<br>4. 区域材料有标示且存放合理<br>5. 材料收纳柜、书包柜、衣帽柜、鞋柜等规范收纳<br>6. 下班时柜面清理整齐干净 | |
| 2 | 地面墙壁吊顶窗台 | 1. 玻璃无破损、无积尘<br>2. 窗帘、窗台干净无尘<br>3. 地面、角落清扫干净,无积尘、纸屑<br>4. 墙壁无蜘蛛网、手脚印<br>5. 墙壁无乱涂乱画、乱张贴<br>6. 悬挂物品整齐、端正 | |
| 3 | 盥洗用品 | 1. 毛巾、水杯、洗手液、置物架定位摆放、标识清楚<br>2. 消毒柜规范操作<br>3. 卫生间清洁干净<br>4. 工具间、卫生用品定位收纳 | |
| 4 | 电器使用 | 1. 灯管、电扇、开关盒等无异常、积尘<br>2. 电线、线槽紧固,电闸有线路标示<br>3. 电线摆放整齐、无乱接线现象<br>4. 电制开关下面无堆放物品 | |
| 5 | 操作台 | 1. 台面干净、无杂物<br>2. 下班时食物残渣清理干净<br>3. 物品放置整齐 | |
| 6 | 走廊阳台 | 1. 物品分类收纳<br>2. 自然角整齐干净<br>3. 场地有预留消防通道 | |

续表

| 序号 | 改善项目 | 检查标准 | 评价 |
|---|---|---|---|
| 7 | 人员 | 1. 穿着整齐<br>2. 态度和蔼、谈吐礼貌<br>3. 工作认真，不闲谈、不打瞌睡等 | |
| 8 | 标识 | 1. 标签、标识牌与被示物品、区域一致<br>2. 标识清楚完整、无破损<br>3. 家园联系栏、表册内容展示整齐、美观 | |
| 9 | 其他 | 1. 垃圾分类到位、及时清理干净<br>2. 雨具放置在规定的位置<br>3. 屋角、楼梯间、厕所等无杂物<br>4. 打印纸分类收纳<br>5. 私人物品按规定存放整齐 | |

检查说明：

1. 检查评价为标准、不标准。
2. 评价为不标准，检查者当天与责任人反馈意见。
3. "6S"检查员每周到各部门检查一次。

检查人员签字：　　　　　　时间：

# 办公室"6S"管理周检查表

部门：　　　　　　负责人：　　　　　　责任人：

| 序号 | 改善项目 | 检查标准 | 评价 |
|---|---|---|---|
| 1 | 桌椅<br>台柜 | 1. 桌椅摆放整齐，擦拭干净<br>2. 办公桌、台柜文件、资料用具摆放整齐<br>3. 电脑、打印机无尘、无杂物<br>4. 桌椅、台柜无积尘、无杂物<br>5. 台柜放置物品有标示且与存放的内容一致<br>6. 下班时桌面清理整齐干净 | |
| 2 | 地面<br>墙壁<br>天花板<br>窗台 | 1. 玻璃无破损、无积尘<br>2. 窗帘、窗台干净无尘<br>3. 地面、角落清扫干净，无积尘、纸屑<br>4. 墙壁无蜘蛛网、手脚印<br>5. 墙壁无乱涂乱画、乱张贴<br>6. 悬挂物品整齐、端正 | |
| 3 | 文件 | 1. 分类存放、标识清楚<br>2. 不要的旧文件、资料应及时处理<br>3. 能随时取出必要的文件<br>4. 文件夹有标示且与放置内容一致 | |
| 4 | 电 | 1. 灯管、电扇、开关盒等无异常、积尘<br>2. 电线、线槽紧固，电闸有线路标示<br>3. 电线摆放整齐、无乱接线现象<br>4. 电制开关下面无堆放物品 | |
| 5 | 水 | 1. 洗手台干净、无杂物<br>2. 下班时茶叶残渣清理干净<br>3. 茶杯放置整齐 | |
| 6 | 电话 | 1. 放置固定地方<br>2. 电话机边有本机号码及其他部门号码标识<br>3. 保持干净 | |

续表

| 序号 | 改善项目 | 检查标准 | 评价 |
|---|---|---|---|
| 7 | 人员 | 1. 穿着整齐<br>2. 态度和蔼、谈吐礼貌<br>3. 工作认真，不闲谈、不打瞌睡等 | |
| 8 | 标识 | 1. 标签、标识牌与被示物品、区域一致<br>2. 标识清楚完整、无破损<br>3. 公告栏板内容展示整齐、牢固 | |
| 9 | 其他 | 1. 垃圾分类到位、及时清理干净<br>2. 雨具放置在规定的位置<br>3. 屋角、楼梯间、厕所等无杂物<br>4. 打印纸分类收纳<br>5. 私人物品按规定存放整齐 | |

检查说明：

1. 检查评价为标准、不标准。
2. 评价为不标准，检查者当天与责任人反馈意见。
3. "6S"检查员每周到各部门检查一次。

检查人员签字：　　　　　　时间：

# 新入职教职工登记表

年　　月　　日

| 姓　　名 | | 性　　别 | | 相片（2寸） |
|---|---|---|---|---|
| 出生年月 | | 文化程度 | | |
| 身份证号码 | | | | |
| 家庭住址 | | | | |
| 电　　话 | | | | |
| 原工作单位 | | | | |

| 家庭成员 | 称谓 | 姓名 | 职业 | 个人简历 |
|---|---|---|---|---|
| | | | | |
| | | | | |
| | | | | |
| | | | | |
| | | | | |

| 应聘岗位 | | 在本园工龄起始 | |
|---|---|---|---|

| 园部聘用意见 | （公章）<br>年　　月 |
|---|---|

# 档案资料查（借）阅登记表

年　　月

| 日期 | 档号 | 题名 | 使用目的 | 方式 || 复印份数 | 查（借）阅单位、部门 | 查（借）阅人签字 | 部门负责人签字 | 归还日期 |
|---|---|---|---|---|---|---|---|---|---|---|
| | | | | 借阅 | 查阅 | | | | | |
| | | | | | | | | | | |
| | | | | | | | | | | |

## 二、教育教学工作表格

### （一）保教类

## 班级保教工作检查记录表

| 时间： | 参加人员： | 记录人： |
|---|---|---|
| 内容： ||||
| 班级 | 情况记录 | 反馈与建议 |
| ___班 | | |
| ___班 | | |

备注：内容包括环境创设、开放观摩活动、班务会、班级一日活动常规等保教人员共同配合完成的班级各项工作。

## 行政人员带教指导记录表

| 时间： | | 带教人： | |
|---|---|---|---|
| 班级 | | 执教者 | |
| 情况记录 | | 指导建议 | |
| | | | |

## 功能室活动检查记录表

地点：　　　　　　　　　　　　　　　　　　　　　　功能室负责人：

| 班级 | 活动时间 | 活动主题 | 环境整理反馈 |
|---|---|---|---|
| | | | |
| | | | |

备注：班级、活动时间、活动主题由参与功能室活动的班级教师填写，环境整理反馈由功能室负责老师填写。

## 班级文本档案检查记录表

班级：

| 时间： | 参加人员： | | 记录人： | | |
|---|---|---|---|---|---|
| 项目＼班级 | 幼儿美术作品 | 教师（幼儿）观察记录 | 幼儿发展情况手册 | 班级档案册 | …… | 建议 |
| ___班 | | | | | | |

# 班级电子档案检查记录表

时间：　　　　　参加人员：　　　　　记录人：

| 项目 班级 教师 | 一日活动计划 | | | | 幼儿发展 | | 家长工作（家长会、家园联系、家长反馈） | 安全教育专项工作 | 班级照片资料（含SEL项目） | 实习工作 | 宣传报道 | 其他内容 |
|---|---|---|---|---|---|---|---|---|---|---|---|---|
| | 探究性主题活动 | 区域游戏活动 | 周表 | 领域活动 | 逐日计划 | 观察记录（含特殊幼儿个体观察） | 幼儿发展评价（含班级幼儿学期发展检核结果统计） | | | | | |
| 计划总结 | | | | | | | | | | | | |
| ＿＿班 | | | | | | | | | | | | |

# 年段电子档案检查记录表

| 项目 | 年段计划总结 | 月工作汇报 | 年段班际活动 | 功能室活动 | 早操区域性体育活动 | 年段上网信息 | 幼儿发展报告册 | 年段分享PPT等资料 | 其他 |
|---|---|---|---|---|---|---|---|---|---|
| ___年段（___） | | | | | | | | | |

# 班级环境创设观测表

时间：　　　　　　　　班级：　　　　　　　　评价人：

| 评价指标 | 评价等级 | | |
|---|---|---|---|
| | 达到<br>8—10 | 基本达到<br>5—7 | 未达到<br>1—4 |
| 1. 班级环境创设整体协调、风格统一、整洁舒适。 | | | |
| 2. 创设环境主材料凸显，辅材料多样，符合环保节约理念。 | | | |
| 3. 环境凸显幼儿年龄特点，有利于引发和支持幼儿学习活动。 | | | |
| 4. 环境空间充分向幼儿开放，满足幼儿对游戏和探索活动的自主需求。（如：自选规划墙） | | | |
| 5. 环境体现幼儿的过程性学习，与班级活动课程，特别是主题活动相匹配。 | | | |
| 6. 幼儿成为环境的主人，环境中展示的大多是幼儿的个性化、多样化的作品。 | | | |
| 7. 环境中信息丰富、形式多样，让幼儿从多角度与环境互动，获取信息。 | | | |
| 8. 环境中有为幼儿提供展现自我的平台与空间。（如：特别的我、个人风采展等） | | | |
| 9. 至少有5个不同的活动区给幼儿提供多样的学习经历，材料适宜多样、数量充足。 | | | |
| 10. 活动区材料便于幼儿取放，有额外的游戏材料供幼儿选择。（如：材料超市、百宝箱） | | | |
| 总　分 | | | |

　　备注：指标中第4、第10条小班幼儿学习与发展特点相对不如中大班凸显，建议评价者根据小班实际情况酌情给分。

# 室内区域游戏观测表

时间：　　　　　　　班级：　　　　　　　观测人员：

| 项目 | 观察指标 | 评价等级 | | | 备注 |
|---|---|---|---|---|---|
| | | 做到 | 基本做到 | 未做到 | |
| 材料投放 | 1. 合理规划游戏区，至少有5—7个不同的游戏区供幼儿选择。 | | | | |
| | 2. 环境材料设计、投放符合课程目标，凸显主题活动，体现领域均衡。 | | | | |
| | 3. 材料种类丰富、均衡，且数量达幼儿人数1.5倍以上。 | | | | |
| | 4. 材料陈列整齐有序，标识清晰，符合安全卫生要求，便于幼儿取放。 | | | | |
| | 5. 材料提供体现适龄性、趣味性、层次性，且高、低结构搭配合理。 | | | | |
| | 6. 探索性、挑战性材料占材料总数一半以上。 | | | | |
| | 7. 有额外的资源型、工具型材料供幼儿选择。如：材料超市。 | | | | |
| | 8. 能基于活动的观察与分析，通过调整环境、材料等支持性策略，阶段性优化班级区域游戏。 | | | | |
| 观察指导 | 1. 能体现幼儿有自主规划、自由选择游戏的权利。 | | | | |
| | 2. 引导幼儿专注、有序参与活动，营造舒适和谐的活动氛围。 | | | | |
| | 3. 能以拍照、视频或文字描绘等方式观察、记录幼儿活动情况。 | | | | |
| | 4. 能全面关注幼儿的活动情况，把握介入的正确时机，给予适度的指导和评价。 | | | | |

续表

| 项目 | 观察指标 | 评价等级 | | | 备注 |
|---|---|---|---|---|---|
| | | 做到 | 基本做到 | 未做到 | |
| | 5. 能关注到幼儿的个体需要，进行有针对性的引导和必要的支持。 | | | | |
| | 6. 关注幼儿自助点心情况，提醒个别幼儿根据需要用点。 | | | | |
| | 7. 组织幼儿自主收拾、整理游戏材料，及时将材料归位。 | | | | |
| | 8. 活动后能根据需要及时组织评价、讨论，帮助幼儿梳理、提升有益经验。 | | | | |

备注：

1. 此份表格适合以班级为单位进行观测。

2. 观测人员根据观测到的情况，在相应的评价等级上打"√"。

3. 项目"材料投放"中观察指标8的评价，建议在对问题解决情况的持续跟进后进行。

# 户外自主游戏观测表

观测时间：_____　　　　　　　　　观测人员：_____

| 项目 | 观察指标 | 评价等级 | | |
|---|---|---|---|---|
| | | 做到 | 基本做到 | 未做到 |
| 大厅积木1（　　）大厅积木2（　　）平台积木（　　）前操场（　　）沙水池（　　）小操场（　　）骑行区（　　）涂鸦墙（　　）滚筒区（　　）后操场1（　　）后操场2（　　）水池菜园（　　） | 1. 能及时组织做好游戏前的计划，并以适宜的方式呈现，尊重幼儿游戏意愿。 | | | |
| | 2. 提醒幼儿携带好水杯等个人物品，组织游戏前的热身，有序进入游戏状态。 | | | |
| | 3. 活动材料丰富，陈列清晰，能及时满足幼儿的游戏需求，且便于幼儿取放。 | | | |
| | 4. 鼓励幼儿自由结伴、选择材料、自主发展游戏情节，创造游戏玩法。 | | | |
| | 5. 鼓励幼儿使用低结构材料进行游戏，促进其替代、假想及创造等行为的发展。 | | | |
| | 6. 积极观察幼儿的游戏行为，适时以便签、拍照等形式进行记录。 | | | |
| | 7. 能适时有效介入游戏，给予幼儿必要的支持与引导，推动游戏发展。 | | | |
| | 8. 关注幼儿游戏中的交往行为与规则意识，及时发现问题，正面引导。 | | | |
| | 9. 指导幼儿有序收整材料并归位，提醒幼儿及时、有序地返回班级。 | | | |
| | 10. 组织好游戏后的回顾，引发幼儿分享交流游戏体验，自主解决问题。 | | | |
| | 11. 鼓励幼儿及时做好有关记录，梳理游戏经验，推进下次游戏计划的拟定与游戏进程。 | | | |
| 其他情况 | | | | |

备注：

1. 以上指标内容适用于户外自主性游戏的观察评价。

2. 其他情况一栏，观测人员可根据实际需要，标注观测的具体班级及有关负责教师姓名。

# 社团活动观测表

专任教师：　　　　　　　　配班教师：
班级：　　　　　　　　　　时间：

| 活动目标 | | | | |
|---|---|---|---|---|
| 活动内容 | | | | |
| 教师评估 | 项目 | 是 | | 否 |
| | 是否衣着得体 | | | |
| | 是否文明用语 | | | |
| | 是否按时开始与结束 | | | |
| | 是否准备好教具 | | | |
| | 是否提醒补水 | | | |
| 课程质量评估 | 项目 | 很好 | 比较好 | 一般 | 不好 |
| | 幼儿达成活动目标 | | | | |
| | 幼儿与材料互动 | | | | |
| | 当天课程是否适合幼儿 | | | | |
| | 幼儿对当天课程喜爱度 | | | | |
| | 活动常规 | | | | |
| | 幼儿与老师的互动 | | | | |
| | 咬字清晰发音正确 | | | | |
| | 能够理解诗歌、绕口令、情境对话等学习内容，并能通过语言、表情、动作进行表达 | | | | |
| | 在集体面前大胆表达 | | | | |
| 活动建议 | | | | | |

备注：表格中"课程质量评估"一栏的观察项目应根据不同社团的核心经验进行相应的调整。

## (二) 教研类

## 教师听课记录表

| 时间 | | 班级 | |
|---|---|---|---|
| 执教者 | | 记录人 | |
| 执教内容 | | | |
| 活动记录 | | 活动建议 | |
| | | | |

## 新师日常指导记录表

| 时间 | | 班级 | |
|---|---|---|---|
| 指导者 | | 指导对象 | |
| 指导内容 | | | |
| 情况记录 | | 指导建议 | |
| | | | |

# 指导教师情况反馈表

指导教师：　　　　　　　　时间：　　年　月——　　年　月

| 被指导教师 | 指导内容 |
| --- | --- |
|  |  |
|  |  |

备注：
　　填写范围为园部认定的指导新手教师、跟岗教师、见习生、实习生等，以及与行政岗位相关的部门指导等。

# 教师外出学习反馈表

| 时间 | 年　月　日 | 观摩地点 |  | 反馈人 |  |
| --- | --- | --- | --- | --- | --- |
| 培训项目名称 |  |  |  |  |  |
| 学习内容 |  |  |  |  |  |
| 拟定成果汇报形式 |  |  |  |  |  |
| 学习收获 |||| 实际运用 ||
|  |  |  |  |  |  |

# 新师个人专业成长规划表

年　月—　年　月

| 姓名 | | 教龄 | 年 | 职称、职务 | |
|---|---|---|---|---|---|
| 自我分析 | 我的优势：<br>我的不足： | | | | |
| 个人成长目标 | 主要目标： | | | | |
| 措施 | 具体措施：<br><br><br>　　　　　　　　　　　　　　　　　　指导教师签名： | | | | |
| 完成情况（自评） | | | | | |
| 园部评定 | <br><br><br><br>　　　　　　　　　　　　　　　　　　指导教师签名： | | | | |

# 教师个人专业成长档案表

| 姓名 | | 时间 | | | |
|---|---|---|---|---|---|
| 序号 | 材料项目 | | | 材料份数 | 备注 |
| 1 | 学位、学历证书 | | | | |
| 2 | 现任专业技术职务任职资格证书及聘任书 | | | | |
| 3 | 教师资格证书 | | | | |
| 4 | 专业技术资格证书(计算机、普通话、英语、育婴师、家教指导师等) | | | | |
| 5 | 省(市)学科带头人、省(市)骨干教师证书 | | | | |
| 6 | 个人评优、评先获奖证书 | | | | |
| 7 | 教学成果获奖证书(论文、案例、课件、教玩具等) | | | | |
| 8 | 发表论文、案例复印件 | | | | |
| 9 | 园级以上公开观摩、开设讲座证明材料(文件、日程安排表、活动计划、PPT讲稿、证书) | | | | |
| 10 | 送教、送培下乡证明材料(文件、日程安排表、活动计划、PPT讲稿、证书) | | | | |
| 11 | 承担教育教学课题研究材料(含课题申报书、结题申请书、结题通知、课题成果等) | | | | |
| 12 | | | | | |
| 13 | | | | | |

# 教师科研档案检查记录表

时间： 指导、记录者：

| 内容\姓名 | 课题研究资料 | | | | | 研究成果 | | | 其他资料 | | | 指导建议 |
|---|---|---|---|---|---|---|---|---|---|---|---|---|
| | 研究计划 | 研究小结 | 阶段研究资料 | | | 论文 | 研究案例 | 讲座稿及PPT、音像资料等 | 指导教师情况 | 听课记录 | 继续教育 | …… |
| | | | 文献查阅 | 观察记录 | | | | | | | | |
| | | | | | | | | | | | | |

# 教师科研档案检查记录表（新师）

时间：　　　　　　　　　　　　　　　　　　　　　　　　　　　　　　　　　　指导、记录者：

| 内容<br>姓名 | 一课三研 | | 研究资料 | | | 成长汇报 | | 其他资料 | | | 指导建议 |
|---|---|---|---|---|---|---|---|---|---|---|---|
| | 专业成长规划、小结 | 活动计划、反思 | 活动素材、资源 | 读书笔记 | 观察记录 | 学习故事（教育故事） | 研究案例论文 | 成长小结 | 汇报PPT | 听课记录 | 指导教师情况 | 继续教育 | |
| | | | | | | | | | | | | | |

# 教师微课题研究年度计划表

姓名：

| 课题名称： | |
|---|---|
| 研究时间： | 成果形式： |

| | |
|---|---|
| 研究背景意义 | |
| 关键概念界定 | |
| 研究目标 | |
| 研究内容 | |
| 研究方法 | |
| 研究步骤 | 本人签字：<br>　　年　　月　　日 |

# 教师微课题研究中期检查表

填表时间：

| 课题名称 | |
|---|---|
| 开题时间 | 主持人 |
| 研究目标 | |
| 研究内容 | |
| 课题进展情况 | （与原计划和步骤对照，说明完成的情况，如有不一致说明原因） |
| 阶段性成果 | |
| 反思及问题 | |

（三）家教类

## 家访工作记录表

| 班级 | | 教师 | | 时间 | |
|---|---|---|---|---|---|
| 家访目的： | | | | | |
| 幼儿姓名 | 家访情况 | | | 接待人 | |
| | | | | | |
| | | | | | |

## 家长工作一览表

班级：　　　　　　　　　　　　　　日期：

| 活动时间 | 活动地点 | 参加人员 | 活动形式 | 活动内容 | 备注 |
|---|---|---|---|---|---|
| | | | | | |
| | | | | | |

## 家长会签到表

班级：　　　　　　　　　　　　　　　　时间：

| 序号 | 幼儿姓名 | 家长姓名 | 序号 | 幼儿姓名 | 家长姓名 |
|---|---|---|---|---|---|
|  |  |  |  |  |  |
|  |  |  |  |  |  |

## 家长接送幼儿登记表

日期：　　　　　　　　　　　　　　　　值班教师：

| 班级 | 幼儿姓名 | 家长签名 | 班级 | 幼儿姓名 | 家长签名 |
|---|---|---|---|---|---|
|  |  |  |  |  |  |
|  |  |  |  |  |  |
|  |  |  |  |  |  |
|  |  |  |  |  |  |
|  |  |  |  |  |  |

## 三、后勤保障工作表格

### （一）安全类

## 班级安全检查记录表

班级：_____    月份：_____    班级安全员签字：_____

| 时间（星期） | 墙体、门窗、桌椅、橱柜、钢琴等 | 环境创设（墙饰、悬挂物、标志等） | 水电设施（电器、开关、插座、饮水机、水箱等） | 幼儿是否携带不安全物品 | 幼儿在日常活动中的安全 | 幼儿健康状况 | 幼儿午睡情况 | 其他方面 |
|---|---|---|---|---|---|---|---|---|
|  |  |  |  |  |  |  |  |  |
|  |  |  |  |  |  |  |  |  |

备注：根据表格中的要求认真检查，正常请打"√"，发现问题需详细记录，并及时汇报相关部门负责人。

## 幼儿接送委托书

本人因工作繁忙无法每天接送孩子，现委托我的_____，姓名_____，身份证号码_____，来园接送_____班_____小朋友，接送期间如有发生问题由本人负责。（本委托书一式三份，由园部、教师、家长各执一份。如有更换接送人员要另签委托书）有效期限：幼儿在园学习期间。

委托人：_____班_____小朋友家长_____

签订日期：_____

# 师幼外出活动审批表

| 幼儿园（班级） | | | | |
|---|---|---|---|---|
| 活动时间 | | | 活动地点 | |
| 活动内容 | | | | |
| 活动对象 | 学生（人） | 教师（人） | 交通工具 | |
| | | | | |
| 带队领导 | | | | |
| 安全保卫人员 | | | 负责人 | |
| 卫生保健人员 | | | 负责人 | |
| 后勤保障人员 | | | 负责人 | |
| 安全保障措施 | | | | |
| 班主任或辅导员意见 | （签名）<br>年　月　日 | | 处、系分管领导意见 | （签名）<br>年　月　日 |
| 校保卫科意见 | （签名）<br>年　月　日 | | 校分管处意见 | （签名）<br>年　月　日 |
| 分管安全保卫领导意见 | （签名）<br>年　月　日 | | 校长意见 | （签名）<br>年　月　日 |

## 幼儿离园登记表

日期：

| 幼儿姓名 | | 性　别 | | 班　级 | |
|---|---|---|---|---|---|
| 父亲姓名 | | 身份证号码 | | 工作单位 | |
| 母亲姓名 | | 身份证号码 | | 工作单位 | |
| 家庭住址 | | | | 电　话 | |
| 未持卡原因 | | | 班级教师 | | |

## 保安值班交接表

| 交接时间 | 值班情况记录 | | | |
|---|---|---|---|---|
| | 早班 | 签名 | 晚班 | 签名 |
| | | | | |
| | | | | |

## 外来人员访客登记表

| 日期 | 来访人姓名 | 性别 | 年龄 | 单位及身份证号码 | 被访人姓名 | 具体事由 | 入园时间 | 出园时间 | 值班人员签名 | 备注 |
|---|---|---|---|---|---|---|---|---|---|---|
| | | | | | | | | | | |
| | | | | | | | | | | |

## 监控设备维修记录表

| 故障设备 | | 时间 | 年　月　日 |
|---|---|---|---|
| 检查人员 | | 维修人员 | |
| 故障原因 | | | |
| 处理结果 | | | |
| 分管领导意见 | （签名）<br>年　月　日 | | |
| 备　注 | 联系电话： | | |

## 监控录像调取申请表

| 申请人 | | 申请时间 | |
|---|---|---|---|
| 联系电话 | | | |
| 主要情况 | | | |
| 分管部门意见 | （签名）<br>年　月　日 | 园领导意见 | （签名）<br>年　月　日 |

## 治安刑事案件登记表

| 检查人员 | 时间 | 当日园内治安情况 | 有无重大治安事件 | 情况分析 |
|---|---|---|---|---|
|  |  |  |  |  |
|  |  |  |  |  |

备注：

1. 检查人员必须如实填写此表，做好巡视后及时记录发生在校园内的安全事件。
2. 此表格以月为单位，后勤保障部负责存档。
3. 在校园中若遇突发安全事故，必须第一时间上报园领导。

## （二）卫生保健类

### 晨午检及全日健康观察记录表

| 日期 | 姓名 | 班级 | 晨检情况 家长主诉与检查 | 全日健康观察（症状与体检） | 处理 | 检查者 |
|---|---|---|---|---|---|---|
|  |  |  |  |  |  |  |
|  |  |  |  |  |  |  |

### 在园带药服药记录表

| 日期 | 班级 | 姓名 | 药物名称 | 服用剂量和时间 | 家长签字 | 喂药时间及签字 |
|---|---|---|---|---|---|---|
|  |  |  |  |  |  |  |
|  |  |  |  |  |  |  |

# 保健室用药登记表

| 日期 | 班级 | 姓名 | 用药记录 | 登记人 |
|------|------|------|----------|--------|
|      |      |      |          |        |
|      |      |      |          |        |

# 幼儿伤害登记表

年　　月　　日

| | |
|---|---|
| 姓名：　　　　性别：　　　　年龄：　　　　班级： | |
| 伤害发生日期：　年　月　日　伤害发生时间：___：___（用24小时计时法） | |
| 当班责任人：　　　　　　　填表人： | |
| 伤害类型：<br>1＝交通事故　2＝跌伤（跌、摔、滑、绊）　3＝被下落物击中（高处落下物）<br>4＝锐器伤（刺、割、扎、划）　5＝钝器伤（碰、砸）<br>6＝烧烫伤（火焰、高温固/液体、化学物质、锅炉、烟火、爆竹炸伤）<br>7＝溺水（经医护人员救治存活）　8＝动物伤害（狗、猫、蛇等咬伤，蜜蜂、黄蜂等刺蜇）<br>9＝窒息（异物，压、闷、捂窒息，鱼刺/骨头卡喉）<br>10＝中毒（药品、化学物质、一氧化碳等有毒气体，农药、鼠药、杀虫剂，腐败变质食物除外）<br>11＝电击伤（触电、雷电）　12＝他伤/攻击伤 | |
| 伤害发生地点：<br>1＝户外活动场　2＝活动室　3＝寝室　4＝卫生间　5＝盥洗室　6＝其他（请说明___） | |
| 伤害发生时活动：<br>1＝玩耍娱乐　2＝吃饭　3＝睡觉　4＝上厕所　5＝洗澡　6＝行走　7＝乘车<br>8＝其他（请说明_____）　9＝不知道 | |
| 伤害发生时和谁在一起：<br>1＝独自一人　2＝老师　3＝小伙伴　4＝其他（请说明___）　5＝不知道 | |
| 受伤后处理方式（最后处理方式）：<br>1＝自行处理（保健人员）且未再就诊　2＝医疗卫生机构就诊　3＝其他（请说明___） | |
| 如果就诊，诊断是：_____ | |
| 因伤害休息多长时间（包括节日、假期及周末）：_____天 | |
| 转归：1＝痊愈　2＝好转　3＝残疾　4＝死亡 | |
| 简述伤害发生经过（对损伤过程作综合描述）： | |

## 幼儿出勤登记表

班级：　　　　教师：　　　　　　保育员：　　　　时间：　　年　　月

| 序号 | 姓名 | 日期 | | | | | | | | 备注 |
|---|---|---|---|---|---|---|---|---|---|---|
| | | 1 | 2 | 3 | 4 | 5 | 6 | | …… | |
| | | | | | | | | | | |
| | | | | | | | | | | |

备注：

1. "√"代表出勤，"○"代表缺勤。
2. 缺勤儿童查明原因后在"○"内补全相应的符号："×"代表病假，"－"代表事假。
3. 因病缺勤，需在备注栏注明疾病名称。

## 幼儿缺勤登记日志

班级：　　　　　　　　　　　　　　　　　　　　日期：

| 姓名 | 缺勤原因 | | | | 采取的措施 | | | 追访方式 | | 备注 |
|---|---|---|---|---|---|---|---|---|---|---|
| | 感冒 | 发烧 | 事假 | 其他 | 医院就诊 | 病后调理 | 在家休息 | 电话 | 微信 | |
| | | | | | | | | | | |
| | | | | | | | | | | |

登记人：

# 幼儿缺勤情况报告表

班级：　　　　　教师：　　　　　　　　日期：

| 班级 | 缺勤人数 | 报告情况 | | 班级 | 缺勤人数 | 报告情况 | |
|---|---|---|---|---|---|---|---|
| | | 病假 | 事假 | | | 病假 | 事假 |
| 小一班 | | | | 大一班 | | | |
| 小二班 | | | | 大二班 | | | |
| 小三班 | | | | 大三班 | | | |
| 小四班 | | | | 大四班 | | | |
| 中一班 | | | | 缺勤人数合计 | | | |
| 中二班 | | | | 实际出勤人数 | | | |
| 中三班 | | | | 全园总人数 | | | |
| 中四班 | | | | | | | |

报告人：　　　　　　　　　　　　　　　园长：

# 幼儿出勤统计分析表

| 年份 | 月份 | 在册幼儿数 | 应出勤天数 | 出勤情况 | | | 缺勤原因分析 | | | | |
|---|---|---|---|---|---|---|---|---|---|---|---|
| | | | | 应出勤人次数 | 实际出勤人次数 | 出勤率（%） | 缺勤人次数 | 因病 | 因事 | 寒暑假 | 其他 |
| | 9月 | | | | | | | | | | |
| | 10月 | | | | | | | | | | |
| | …… | | | | | | | | | | |
| | 8月 | | | | | | | | | | |

备注：

1. 出勤率＝（实际出勤人次数/应出勤人次数）×100%；

2. 缺勤人次数＝应出勤人次数－实际出勤人次数；

3. 各项百分率要求保留小数点后1位。

# 午休巡查情况记录表

日期：　　　　　　　　　　　　　　　　　　　　　　执勤人：

| 项目 | 班级 | 小一 | 小二 | 小三 | 小四 | 中一 | 中二 | 中三 | 中四 | 大一 | 大二 | 大三 | 大四 |
|---|---|---|---|---|---|---|---|---|---|---|---|---|---|
| 照看幼儿午休 | 衣物整理摆放情况 | | | | | | | | | | | | |
| | 经常巡视、帮幼儿盖好被子 | | | | | | | | | | | | |
| | 及时恰当处理突发问题 | | | | | | | | | | | | |
| | 不干私活、不离岗 | | | | | | | | | | | | |
| | 态度温和、有耐心，能做好个别幼儿情绪安抚工作 | | | | | | | | | | | | |
| | 幼儿入睡率 | | | | | | | | | | | | |
| 6S执行情况 | 地面整洁 | | | | | | | | | | | | |
| | 桌椅、多媒体柜、钢琴等定位摆放整齐 | | | | | | | | | | | | |
| | 盥洗室清洁干净，台面无杂物 | | | | | | | | | | | | |
| | 书包柜、鞋柜、户外水壶等定位摆放整齐 | | | | | | | | | | | | |
| | 幼儿毛巾、水杯、置物架等定位摆放整齐 | | | | | | | | | | | | |
| | 开、关门窗水电等 | | | | | | | | | | | | |
| 备注 | | | | | | | | | | | | | |

# 班级卫生检查表

| 时间 | 班级 | 教室 | | | | | | | 寝室 | | | | | 盥洗室 | | | | 阳台 | |
|---|---|---|---|---|---|---|---|---|---|---|---|---|---|---|---|---|---|---|---|
| | | 钢琴、多媒体柜 | 玻璃、纱窗 | 柜子 | 托盘、工具栏 | 玩具 | 电灯开关、门把手 | 地面 | 床铺下地板 | 玻璃、纱窗 | 书包柜 | 被子、衣物 | 台面 | 镜子、水龙头 | 厕所 | 垃圾桶 | 杯架 | 地垫 | 植物角、地板 |
| | | | | | | | | | | | | | | | | | | | |
| | | | | | | | | | | | | | | | | | | | |

检查人员：

## 公共环境卫生检查表

| 检查项目 | 厕所 | 室内洗手池 | 门、门把手 | 电灯开关 | 消防栓 | 大厅地板、地垫 | 监控室 | 隔离室 | 广播站 | 会议室 | 办公室 | 楼梯、楼道 | 电梯 | 福墙 | 照片墙 | 户外地板 | 大型器械 | 户外洗手池 | 垃圾桶 | …… |
|---|---|---|---|---|---|---|---|---|---|---|---|---|---|---|---|---|---|---|---|---|
| 检查时间 | | | | | | | | | | | | | | | | | | | | |

# 班级消毒情况检查表

班级：　　　　保育员：　　　　　　日期：　　年　月　日至　　年　月　日

| 消毒物品 | 消毒方法 | 消毒时间 | | | | | |
|---|---|---|---|---|---|---|---|
| | | 星期一 | 星期二 | 星期三 | 星期四 | 星期五 | 星期六 |
| 教室、寝室空气 | 开窗通风 | | | | | | |
| 桌椅 | 533消毒液 | | | | | | |
| 水龙头、水池 | 533消毒液 | | | | | | |
| 门、门把手 | 533消毒液 | | | | | | |
| 厕所及室内地板 | 533消毒液 | | | | | | |
| 杯子 | 533消毒液、消毒柜 | | | | | | |
| 毛巾 | 533消毒液、消毒柜 | | | | | | |
| 玩具 | 533消毒液 | | | | | | |
| 毛绒玩具 | 暴晒、紫外线灯 | | | | | | |
| 图书 | 暴晒、紫外线灯 | | | | | | |
| 餐布 | 533消毒液、暴晒、紫外线灯 | | | | | | |
| 拖把 | 533消毒液 | | | | | | |
| 抹布 | 533消毒液 | | | | | | |
| 床 | 533消毒液 | | | | | | |
| 垃圾桶 | 533消毒液 | | | | | | |

备注：保育员每日需按照园内消毒制度做好上述物品的消毒工作并及时做好记录。

## _____学年（上、下期）幼儿健康检查统计分析表

| 年龄组 | 在册人数 | 体检人数 | 体检率(%) | 体格评价（人数） | | | | 血红蛋白 | | | 视力 | | 听力 | | 龋齿 | |
|---|---|---|---|---|---|---|---|---|---|---|---|---|---|---|---|---|
| | | | | 低体重 | 生长迟缓 | 消瘦 | 肥胖 | 检测人数 | 轻度贫血人数 | 中重度贫血人数 | 检查人数 | 视力不良人数 | 检查人数 | 听力异常人数 | 检查人数 | 患龋人数 |
| 3岁 | | | | | | | | | | | | | | | | |
| 4岁 | | | | | | | | | | | | | | | | |
| 5岁 | | | | | | | | | | | | | | | | |
| 6岁 | | | | | | | | | | | | | | | | |
| 总计 | | | | | | | | | | | | | | | | |

备注：
1. 体检率＝（体检人数/在册人数）×100%；
2. 某病患病率＝（某病患病人数/检查人数）×100%。

## 幼儿患传染病情况登记表

| 姓名 | 性别 | 年龄 | 发病日期 | 传染病名称 ||||||||| 诊断单位 | 诊断日期 | 处置 |
|---|---|---|---|---|---|---|---|---|---|---|---|---|---|---|
| | | | | 手足口病 | 水痘 | 流行性腮腺炎 | 猩红热 | 急性出血性结膜炎 | 痢疾 | 麻疹 | 风疹 | 传染性肝炎 | 其他 | | | |
| | | | | | | | | | | | | | | | | |
| | | | | | | | | | | | | | | | | |
| 合计 | | | | | | | | | | | | | | | | |

备注：

患某种传染病在该栏内画"√"。

## 传染病发病统计表

| 年份 | 月份 | 在册幼儿数 | 传染病发病数 | 各类传染病发病人数 ||||||||||
|---|---|---|---|---|---|---|---|---|---|---|---|---|
| | | | | 手足口病 | 水痘 | 流行性腮腺炎 | 猩红热 | 急性出血性结膜炎 | 痢疾 | 麻疹 | 风疹 | 传染性肝炎 | 其他 |
| | 9月 | | | | | | | | | | | | |
| | 10月 | | | | | | | | | | | | |
| | …… | | | | | | | | | | | | |
| | 8月 | | | | | | | | | | | | |
| 合计 | | | | | | | | | | | | | |

## 幼儿疾病登记表

| 班级 | 姓名 | 疾病名称 | 确诊日期 | 干预与治疗 | 转归 |
|------|------|----------|----------|------------|------|
|      |      |          |          |            |      |
|      |      |          |          |            |      |
|      |      |          |          |            |      |

备注：

登记范围包括营养不良、贫血、单纯性肥胖、先心病、哮喘、癫痫、听力障碍、视力低常、龋齿等。

## 健康教育记录表

| 日期 | 地点 | 对象 | 形式 | 内容 |
|------|------|------|------|------|
|      |      |      |      |      |
|      |      |      |      |      |
|      |      |      |      |      |

备注：

1. 对象是指幼儿、家长、保教人员等；
2. 形式包括宣传专栏、咨询指导、讲座、培训、发放健康教育资料等；
3. 内容是指园（所）内各项健康教育活动的主要内容。

## 幼儿口腔、眼保健情况统计表

年　　月　　日

| 班级 | 应检人数 | 口腔保健 | | | 视力保健 | | | | |
|---|---|---|---|---|---|---|---|---|---|
| | | 防龋 | | 口腔疾病、龋病人数 | 视力筛查 | | 视力低常人数 | 回访人数 | 回访率 |
| | | 人数 | % | | 人数 | % | | | |
| | | | | | | | | | |
| | | | | | | | | | |
| 全园合计 | | | | | | | | | |

备注：回访指视力筛查低常儿童进一步到医院眼科检查≥1次。

## 幼儿体格发育评价统计表

年　　月　　日

| 年龄组 | 应检人数 | 实检人数 | 体重 | | | | | | | | | | 身高 | | | | | | | | | |
|---|---|---|---|---|---|---|---|---|---|---|---|---|---|---|---|---|---|---|---|---|---|---|
| | | | 上 | | 中上 | | 中等 | | 中下 | | 下 | | 上 | | 中上 | | 中等 | | 中下 | | 下 | |
| | | | 人数 | % | 人数 | % | 人数 | % | 人数 | % | 人数 | % | 人数 | % | 人数 | % | 人数 | % | 人数 | % | 人数 | % |
| 3岁 | | | | | | | | | | | | | | | | | | | | | | |
| 4岁 | | | | | | | | | | | | | | | | | | | | | | |
| 5岁 | | | | | | | | | | | | | | | | | | | | | | |
| 6岁 | | | | | | | | | | | | | | | | | | | | | | |
| 合计 | | | | | | | | | | | | | | | | | | | | | | |

# 入园幼儿预防接种证查验登记表

市　　　县（市、区）　　　乡镇（街道）　　　托儿所（幼儿园、小学）　　　班

| 编号 | 幼儿姓名 | 出生年月 | 家长联系电话 | 预防接种证 | 接种记录 ||||||||||||||||||| 复验情况 |
|---|---|---|---|---|---|---|---|---|---|---|---|---|---|---|---|---|---|---|---|---|---|---|---|
| | | | | | 卡介苗 | 脊髓灰质炎疫苗 ||||  百白破疫苗 |||| 麻疹疫苗 || 乙肝疫苗 ||| 白破疫苗 | 乙脑疫苗 ||| 流脑疫苗 |||| 需补证/补种 | |
| | | | | | | 1 | 2 | 3 | 4 | 1 | 2 | 3 | 4 | 1 | 2 | 1 | 2 | 3 | 3 | 1 | 2 | 3 | 1 | 2 | 3 | 4 | | |
| | | | | | | | | | | | | | | | | | | | | | | | | | | | | |
| | | | | | | | | | | | | | | | | | | | | | | | | | | | | |
| | | | | | | | | | | | | | | | | | | | | | | | | | | | | |

单位负责人签字：　　　登记查验人签字：　　　登记验证时间：　　年　　月　　日
复验人签字：　　　　　复验时间：　　年　　月　　日

备注：
1. 此表由托幼机构和学校填写，复印一份上报当地接种单位或疾病预防控制机构。
2. 查验幼儿预防接种证和接种记录；有无预防接种证用"√"表示有，"×"表示无；接种记录应具体填写接种日期。
3. 1.5—2周岁接种麻疹疫苗第2针，百白破疫苗第4针，乙脑疫苗第2针；3周岁接种流脑疫苗第3针；4周岁接种脊髓灰质炎疫苗第4针；6周岁接种白破疫苗、乙脑疫苗第3针、流脑疫苗第4针，未达到接种年龄记"○"。
4. 需补证/补种栏填写1、2、3，分别表示"需补证""需补种""补证、补种"。
5. 复验情况栏根据"入托、入学幼儿补证/补种反馈单"填写1、2，分别表示"已种""未种"。

(三) 膳食类

# 膳食营养分析表

一、平均每人进食量　　　　　　　　　　　　　　　年　　月

| 食物类别 | 细粮 | 杂粮 | 糕点 | 干豆类 | 豆制品 | 蔬菜总量 | 绿橙蔬菜 | 水果 | 乳类 | 蛋类 | 肉类 | 肝脏 | 鱼 | 糖 | 食油 |
|---|---|---|---|---|---|---|---|---|---|---|---|---|---|---|---|
| 数量（克） | | | | | | | | | | | | | | | |

二、营养素摄入量

| | 热量 | | 蛋白质（克） | 脂肪（克） | 视黄醇当量（微克） | 维生素A（微克） | 胡萝卜素（微克） | 维生素$B_1$（毫克） | 维生素$B_2$（毫克） | 维生素C（毫克） | 钙（毫克） | 锌（毫克） | 铁（毫克） |
|---|---|---|---|---|---|---|---|---|---|---|---|---|---|
| | （千卡） | （千焦） | | | | | | | | | | | |
| 平均每人每日 | | | | | | | | | | | | | |
| DRIs | | | | | | | | | | | | | |
| 比较% | | | | | | | | | | | | | |

三、热量来源分布

| | | 脂肪 | | 蛋白质 | |
|---|---|---|---|---|---|
| | | 要求 | 现状 | 要求 | 现状 |
| 摄入量 | （千卡） | | | | |
| | （千焦） | | | | |
| 占总热量% | | 30%—35% | | 12%—15% | |

## 四、蛋白质来源

| | 优质蛋白质 | | |
|---|---|---|---|
| | 要求 | 动物性食物 | 豆类 |
| 摄入量（克） | | | |
| 占蛋白质总量 | ≥50% | | |

## 五、膳食费使用

| | |
|---|---|
| 当月膳食费： | 元/人 |
| 本月总收入： | 元 |
| 本月支出： | 元 |
| 盈亏： | 元 |
| 占总收入： | % |

# 陪餐记录表

班级：　　　　　　　　　　　　　　　　　　　第　　周

| 日期 | 午餐 | 卫生情况 | | | 饭菜数量 | | | 色味及搭配 | | | 进餐情况 | | | 餐后情况 | | 备注 | 签名 |
|---|---|---|---|---|---|---|---|---|---|---|---|---|---|---|---|---|---|
| | | 好 | 一般 | 差 | 多 | 正常 | 少 | 好 | 一般 | 差 | 快 | 正常 | 慢 | 正常 | 异常 | | |
| | | | | | | | | | | | | | | | | | |
| | | | | | | | | | | | | | | | | | |

## 食（饮）具消毒记录表

| 日期 | 食（饮）具数量（个） | | | | | | | | 消毒方式 | | 保洁柜 | 签名 |
|---|---|---|---|---|---|---|---|---|---|---|---|---|
| | 碗 | 盘 | 碟 | 筷子（双） | 汤匙 | 杯子 | 刀叉 | 其他 | 消毒柜（物理） | 消毒剂（化学） | | |
| | | | | | | | | | | | | |
| | | | | | | | | | | | | |
| | | | | | | | | | | | | |
| | | | | | | | | | | | | |

## 食物留样记录表

| 留样时间 | | 留样食品名称 | 弃样时间 | 签名 |
|---|---|---|---|---|
| | 早点 | | | |
| | 午餐 | | | |
| | 午点 | | | |
| | 早点 | | | |
| | 午餐 | | | |
| | 午点 | | | |

# 食堂卫生检查记录表

| 时间<br>项目 | | | | | | |
|---|---|---|---|---|---|---|
| 仪容仪表 | | | | | | |
| 地　面 | | | | | | |
| 桌　面 | | | | | | |
| 橱　柜 | | | | | | |
| 操作台面 | | | | | | |
| 餐　具 | | | | | | |
| 厨　具 | | | | | | |
| 餐　车 | | | | | | |
| 食材处理 | | | | | | |
| 各类洗池 | | | | | | |
| 生熟食品 | | | | | | |
| 库房物品 | | | | | | |
| 教师餐厅 | | | | | | |
| 更衣室 | | | | | | |
| 门　窗 | | | | | | |
| 备　注 | | | | | | |
| 检查人员 | | | | | | |

## （四）财产财物类

### 物品采购请购单

| 物品名称（数量） | |  | |
|---|---|---|---|
| 使用说明 | | | |
| 请购单位（时间） | | 园领导审批意见 | |

### 设备修缮记录单

| 修缮位置 | | 修缮时间 | |
|---|---|---|---|
| 耗材使用情况 | | | |
| 部门意见 | | | |

### 电教设备借出（归还）登记表

（20　　—20　　）

时间：＿＿＿＿＿＿　　　　　　　　　　　　　　　　　管理人员：＿＿＿＿＿＿

| 班级 | ××物品 | ××物品 | 借出（归还）情况 ||
|---|---|---|---|---|
| | | | 借出（归还）物品 | 教师签名 |
| | | | | |
| | | | | |

# 多功能厅设备使用登记表

管理部门：后勤保障部　　　　　　　　　　　　　　时间：

| 时间 | 班级 | 设备使用情况（正常打"√"，不正常打"×"，并附上问题说明） ||教师签字 |
|---|---|---|---|---|
| | | 设备状态 | 问题说明 | |
| | | | | |

# 多媒体设备巡检记录表

| 巡检人 | | 巡检时间 | | |
|---|---|---|---|---|
| 地点 | 巡检内容 | | 检查结果 | 备注 |
| | 1. 查看投影仪、电脑、中控、音响、功放、机柜等设备是否正常 | | | |
| | 2. 检查机器设备的开关、插座等是否正常 | | | |
| | 3. 查看电脑系统是否需要更新补丁或进行升级 | | | |
| | 4. 电脑系统优化、病毒查杀与网络安全性检查 | | | |

## 电教设备报修表

报修班级：　　　　　　　　　　　　　填报日期：

| 设备名称 | | 报修人员 | |
|---|---|---|---|
| 故障现象概述 | | | |
| 电教管理人员意见 | | | |
| 是否外委 | | 是否更换（采购）部件 | |
| 修复（采购）时间 | | 维修人员 | |
| 电教管理人员确认签字 | | 分管部门领导确认签字 | |
| 报修人员签收 | | 签收时间 | |

备注：
1. 每台设备填写一张报修登记表，以便存档。
2. 设备故障排除后，由该班级责任人签字验收。

## 资产入出发票登记表

| 发票号码 | 品名规格 | 用途 | 单位 | 数量 | 单价 | 总价 | 经领人 |
|---|---|---|---|---|---|---|---|
| | | | | | | | |
| | | | | | | | |

## 物品借出登记表

| 姓名： | | | 姓名： | | |
|---|---|---|---|---|---|
| 日期 | 物品名称 | 归还 | 日期 | 物品名称 | 归还 |
| | | | | | |
| | | | | | |

# 资产报损清单

| 编号 | 名称 | 数量 | 单价 | 金额 | 型号规格 | 使用方向 | 领用单位 | 购买日期 | 存放地点 |
|---|---|---|---|---|---|---|---|---|---|
|  |  |  |  |  |  |  |  |  |  |
|  |  |  |  |  |  |  |  |  |  |
| 合计 | 大写人民币：<br>￥：　　　元 | | | | | | | | |

# 集中采购项目立项审批表

填表日期：　　年　　月　　日　　　　　　　　　　项目编号：

| 申请部门 | | 负责人（联系方式） | |
|---|---|---|---|
| 项目名称 | | 拟建（安装）地址 | |
| 资金来源 | | 投资估算 | |
| 用途 | | 是否单一来源采购 | |
| 是否专家论证 | | 是否方案征集 | |
| 项目内容 | | | |
| 部门意见 | | | |
| 主管部门意见 | | | |
| 财务部门意见 | | | |
| 后勤部门意见 | | | |
| 采购领导小组意见 | | | |
| 项目采购方式 | □公开招标采购<br>□询价采购<br>□自行采购 | | |
| 备注 | | | |

# 基建（修缮）项目立项审批表

填表日期：　　年　月　日　　　　　　项目编号：

| 申请单位（盖章） | | 负责人（联系方式） | |
|---|---|---|---|
| 项目名称 | | 拟建地址 | |
| 资金来源 | | 投资估算 | |
| 用　途 | | 计划使用时间 | |
| 项目内容 | | | |
| 部门意见 | | | |
| 主管部门意见 | | | |
| 备注 | | | |

# 办公设备（零星）采购申请表

制表日期：　　　　　　　　　　　　　　　　编号：

| 申请单位（盖章） | | 经办人（联系手机） | | 设备使用人 | |
|---|---|---|---|---|---|
| 申购理由（需说明现有此类设备情况） | | | | | |
| 申购设备具体信息 | | | | | |
| 序号 | 设备名称 | 型号规格（技术参数） | 数量/单位 | 单价 | 金额 | 备注 |
| 1 | | | | | | |
| 2 | | | | | | |

| 部门负责人 | | | 合计 | |
|---|---|---|---|---|
| 经费来源 | | | | |

| 后勤部门意见 | 分管领导意见 | 园长意见 |
|---|---|---|
| 　年　月　日 | 　年　月　日 | 　年　月　日 |
| 采购方式意见 | | |

# 紧急修缮项目申请表

部门（盖章）：　　　时间：　　年　月　日　　编号：

| | | |
|---|---|---|
| 修缮项目名称 | | 报修部门填写 |
| 维修地点 | | |
| 维修内容 | （注：如有特殊设计需求可自行附件说明） | |
| 修缮联系人及电话 | | 后勤部门经办 |
| 报修部门负责人意见 | | |
| 预算金额 | | |
| 造价审核单位及金额 | | |
| 后勤部门意见 | | |
| 分管领导意见 | | |
| 园长意见 | | |

说明：本表为修缮立项通用表格，实际使用时依据修缮金额大小，结合不同类型修缮项目的工作流程使用。

# 差旅报销单

报销单位：　　　　　　　　　　　　　　　　　　年　　月　　日

| 姓名 | | 同行人数 | | 出差地点 | | 备注 | |
|---|---|---|---|---|---|---|---|
| 出差事由 | | | | 经费项目 | | | |
| | 车船住宿费等 | | 途中交通及伙食补贴 | | | | |
| 报销项目 | 单据（张） | 金额 | 人数 | 天数 | 标准 | 金额 | |
| 交通 | | | | | | | |
| 住宿 | | | | | | | |
| 会务费/培训费 | | | | | | | |
| | | | | | | | |
| 合计 | | | | | | | |
| 共计报销金额 | 拾　　万　　仟　　佰　　拾　　元　　角　　分　￥ | | | | | | |
| 借款金额 | | | 应补（退）金额 | | | | |

领导：　　　　　　　部门负责人：　　　　　　出纳：

分管领导：　　　　　财务审核：　　　　　　　经办人：